Diccionario

de

Tareas

para los

Padres

Damand Promotions

Poway, CA

Dan J. McLaughlin

Author

Chief Translator Nancy Villalobos

Published by

DAMAND Promotions
P. O. Box 911
Poway, CA 92074

ISBN: 1-892565-13-7

Bulk Order Information

US Mail:
Damand Promotions
P. O. Box 911
Poway, CA 92074

Phone:
(619) 214-4861

Fax:
(858) 513-0335

Email:
danmc10@aol.com

Website:
Damand.com

Also Available:

Homework Notebook (3-ring binders)
Homework Handbook (pocket dictionary)
Homework Encyclopedia CD-Rom

Table of Contents

Inglés (Language Arts)

Matematicas (Math)

Ciencia (Science)

Ciencias Sociales (Social Studies)

Inglés

Inglés

English

Abreviaciones (Abbreviations)

Forma corta de una palabra que generalmente empieza con letra mayúscula y es seguida por un punto.

EJEMPLOS:

TV ~ Television

P.O. ~ Post Office

P.E. ~ Physical Education

CA ~ California

PTA ~ Parent Teacher Association

Amanda L. ~ Amanda Leah

T. V. Torres ~ Tomas Vasquez Torres

NFL ~ National Football League

NBA ~ National Basketball Association

Inglés
English

Adjetivo (Adjective)

Es una palabra que describe un sustantivo y o pronombre. Muestra cuánto, de qué tipo, o cuál.

EJEMPLOS:

*Que tipo (what kind)

Inglés The *tired* tiger slept all day.

Español (El tigre **cansado** durmió todo el día.)

Adjetivo: *tired* (cansado)

*Cuánto (how many)

Inglés The *two* tigers slept all day.

Español (Los **dos** tigres durmieron todo el día.)

Adjetivo: *two* (dos)

*Cual (which one)

Inglés The tiger on the *left* slept all day.

Español (El Tigre a *la izquierda* durmió todo el día.)

Adjetivo: *left* (la izquierda)

Inglés
English

Adjetivo Demonstrativo (adjective - demonstrative)

*this (esta), *these* (estas), that (ese), *those* (esos)
Un adjetivo especial que se usa delante de un sustantivo u otro adjetivo. Identifica a cuál de los sustantivos el que habla se refiere. Las palabras "this" y "that" se refieren a sustantivos cerca del orador. Las palabras "that" y "those" indican sustantivos que están más lejos del que habla.

EJEMPLOS:

This (Esta)

Inglés **This** is a great hot dog!

Español (¡*Esta* es una salchicha estupenda!)

Adjetivo Demonstrativo: *This* (Esta)

These (Estas)

Inglés **These** hot dogs are great!

Español (¡*Estas* salchichas son estupendas!)

Adjetivo Demonstrativo: *These* (Estas)

That (ese)

Inglés Please pass **that** large glass.

Español (Por favor, pásame *ese* vaso grande.)

Adjetivo Demonstrativo: *that* (ese)

Those (esos)

Inglés Please pass **those** large glasses.

Español (Por favor, pásame *esos* vasos grandes.)

Adjetivo Demonstrativo: *those* (esos)

3

Inglés
English

Adjetivo Predicado (Adjective - predicate)
Se usa después del verbo y describe el sujeto.

EJEMPLO:

Inglés The *story is* **wonderful.**
Español (El cuento es **maravilloso.**)

Adjetivo Predicado: *wonderful* (maravilloso)

Sujeto: *story* (cuento)

Verbo de enlace: *is* (es)

Adjetivo Propio (Adjective - proper)
Se forma del sustantivo propio y se escribe con mayúscula.

EJEMPLO:

Inglés Those tigers are from India.
Español (Esos tigres son de la India.)

Inglés They are **Indian** tigers.
Español (Son tigres **indios.**)

Adjetivo Propio: *Indian* (indios)

Inglés That is an **American** car.
Español (Ese es un auto **americano.**)

Adjetivo Propio: *American* (americano)

4

Inglés
English

Adverbio (Adverb)

Palabra que describe un verbo y a veces termina en- (ly). Adverbios describen cuándo, cómo, cuánto o dónde sucede un evento.

EJEMPLOS:

Cuando (later, often, next, first, etc.)

Inglés We can go to the movie ***later*** today.

Español (Podemos ir al cine ***más tarde*** hoy.)

Adverbio: *later* (más tarde)

Como (slowly, hard, fast, quietly, etc.)

Inglés The man ran ***quickly*** down the stairs.

Español (El hombre bajó ***rapidamente*** por la escalera.)

Adverbio: *quickly* (rapidamente)

Donde (downstairs, here, far, forward, etc.)

Inglés Please go ***downstairs*** and get the card game.

Español (Por favor, baja ***al primer piso*** y recoge el juego de naipes.)

Adverbio: *downstairs* (al primer piso)

5

Inglés
English

Afijo (Affix)

Se puede poner al principio o al final de la palabra base como prefijo o sufijo.

EJEMPLO:

Prefijo: un ~ happy;   unhappy

Sufijo: quick ~ ly;   quickly

Aliteración (Alliteration)

La repetición del primer sonido de cada palabra.

EJEMPLO:

Inglés Samantha stood so still on the silent stage.

Español (Socorro se sentó en silencio en el sótano.)

Aliteración: *s*

Antónimo (Antonym)

Una palabra y su opuesto.

EJEMPLOS:

izquierda ~ derecha

arriba ~ abajo

correcto ~ equivocado

Inglés
English

Apositivo (Appositive)
Una palabra o frase que sigue un sustantivo y da más información sobre él. Los apositivos son generalmente apartados por comas.

EJEMPLO:

Inglés Babe Ruth, *a Yankee great*, hit 714 homeruns in his career.

Español (Babe Ruth, *un campeón de los Yankee*, batió 714 jonrones en su carrera.)

Apositivo: *a Yankee great*
(un campeón de los Yankee)

Artículo (Article) a (un), an (una), the (el)
Un tipo especial de adjetivo que se usa antes de un sustantivo o antes de otro adjetivo.

EJEMPLO:

Inglés It is time for Emilie Lynn to take *a* nap.

Español (Es hora que Emilie Lynn eche *una* siesta.)

Artículo: *a* (una)

Propósito del Autor (Author's Purpose)
Cuando un autor escribe un cuento, trata de proporcionar información, entretener, o intentar persuadir al lector.

EJEMPLOS:
1. Un **artículo** del periódico informa al lector.
2. Un cuento de **misterio** entretiene al lector.
3. Un **editorial** trata de persuadir al lector.

Inglés
English

Autobiografía (Autobiography)
La historia de la vida de un autor, escrita por él mismo.

EJEMPLO:

Inglés **The Diary of Anne Frank**
Español (El diario de Ana Frank)

Inglés **The Autobiography of Benjamin Franklin**
Español (La autobiografía de Benjamín Franklin)

Palabra Base (Base Word)
Una palabra a la que se añade un prefijo o sufijo para cambiar la palabra original.

Recuerde:
Se pone el prefijo al principio de la palabra.
Se pone el sufijo al final de la palabra.

EJEMPLOS:

happy es la palabra base de un<u>happy</u>

cycle es la palabra base de bi<u>cycle</u>

write es la palabra base de re<u>write</u>

room es la palabra base de <u>roomy</u>

soft es la palabra base de <u>softly</u>

ship es la palabra base de <u>shipment</u>

teach es la palabra base de <u>teacher</u>

Inglés

Bibliografía (Bibliography)

Es importante incluir todos los datos básicos para cada cita para que el lector pueda buscar la información en el texto original.

EJEMPLOS:

Libro

Lista en el orden siguiente: autor (primer apellido), libro, edición, ciudad de publicación, editorial, año de publicación.
Vea ejemplo abajo:

Borg, D. J. <u>The Students Homework Helper</u>,
     2d ed. Miami: DAMAND Publishing,
     2000.

Revista

Lista en el orden siguiente: nombre del artículo, revista, fecha entre paréntesis, y número de la página. *Vea ejemplo abajo:*

"The Raiders are Back, Oakland Wins the
     Superbowl," <u>Sports Illustrated</u>.
     (February 1, 2002), p. 10.

Inglés
English
Bibliografía (Bibliography) *continuación*

Periódico
Lista en el orden siguiente: autor, título de
artículo, periódico, fecha en paréntesis, página y
número de página. *Vea ejemplo abajo:*

Torres, Daniella G. "Oklahoma beats Florida
      State to Win the National
      Championship," Imperial Valley Press.
      (January 13, 2001), p. 13, col. 2

Internet
Lista en el orden siguiente: autor, título de texto
(subrayado), información de la publicación por la
fuente impresa, medio de la publicación (online),
nombre del depositario del texto electrónico (tal
como una biblioteca universitaria, etc.), nombre de
la red de computadoras, fecha de acceso, dirección
electrónica usada para abrir el documento con la
palabra "Available" antepuesta.

Fudd, Elmer. That Wrascally Wabbit. Ed.
      Fran Johnstone. Zodiac Signs. New
      York: Oxford, 1986. Online. U of
      Florida Lib. Internet. 26 Dec. 1985.
      Available FTP: etext.florida.edu.

Inglés

Bibliografía (Bibliography) *continuación*

CD-ROM banco de datos
Lista en el orden siguiente: Nombre de autor, información de la publicación por la fuente impresa (incluido título y fecha de publicación de la impresión), título del banco de datos (subrayado), medio de publicación (CD-ROM), nombre del vendedor (si es pertinente), fecha de publicación electrónica.

Gomez, Natalia. "Como encontrar lo que ud.
busca en el Internet." Computer
Weekly. 13 Jul. 1983: BL. Newsbank.
CD-ROM. Aug. 1983.

Biography (biografía)
Historia verdadera de la vida de una persona. Escrita por alguien que conoció, estudió o ha entrevistado al sujeto. Idealmente, una biografía incorpora el nacimiento y la muerte, la educación, las ambiciones, el trabajo, los conflictos, las relaciones y otros aspectos de la vida de la persona para hacer un libro o tratado único.

Inglés

English

Partes de un Libro (Book - parts of)

Glosario

Contiene definiciones de palabras usadas en el libro en orden alfabético. Se encuentran los glosarios generalmente al final del libro y normalmente antes de las bibliografías.

Indice

Una lista de todos los sujetos, nombres, y conceptos en el libro en orden alfabético con números de las páginas que corresponden al libro.

Contenido

Generalmente se encuentra después de la página titular. Enumera el capítulo o unidades y da el número de las páginas. Se enumera los capítulos en el orden en que aparecen en el libro.

Página del título

Normalmente la primera página impresa de la narración del libro, que da el título, autor, la editorial, y dónde se publicó el libro.

Inglés
English

Capitalización (Capitalization)

La primera palabra de cada enunciado lleva letra mayúscula. Esto indica al lector que empieza un nuevo enunciado con un pensamiento nuevo. Los sustantivos propios tambien llevan mayúsculas.

EJEMPLOS:

*También llevan mayúscula:

*El pronombre "I" y sus contracciones:

Michael Jordan and <u>I</u> went to the basketball game.
<u>I</u>'ll do my homework after school.

*Títulos o sus abreviaciones cuando se usa con el nombre de una persona:

<u>D</u>r. <u>D</u>. <u>J</u>. <u>M</u>cLaughlin <u>J</u>r.

*Adjetivos Propios:

Those are <u>A</u>merican cars.

Días: <u>S</u>aturday
Meses: <u>A</u>ugust
Fiestas: <u>H</u>alloween

Inglés

Capitalización (Capitalization) *continuación*

*Nombres de edificios y compañías:

Federal Building

Damand Promotions

*Primera, última, y todas las palabras importantes en un título:

The Monster on Myrtle Street

*Todas las palabras en el saludo y la primera palabra en el cierre de una carta:

Dear Juana,

Sincerely yours,

*Nombres propios, calles, ciudades, y estados:

Capt. Picard lives at 1701 Nomad Street.

Dallas is in the state of Texas.

Elton John was born in England.

Inglés

English

Causa y Efecto (Cause and Effect)

La causa es el porqué algo pasa y el efecto es el resultado. La causa ocurre siempre primero y el efecto ocurre después.

EJEMPLOS:

Inglés Rafael *swung the bat* and **hit a homerun.**

Español (Rafael *tiró el bate* y **bateó una carrera completa.**)

Causa: *swung the bat* (tiró el bate)

Efecto: *hit a homerun* (bateó una carrera completa)

Inglés John Elway *threw a pass* and it was **caught for a touchdown.**

Español (John Elway *hizo un pase* que **fue recibido para un gol.**)

Causa: *threw a pass* (hizo un pase)

Efecto: *caught for a touchdown* (fue recibido para un gol)

Inglés Everyone in *our class received a 100% on the spelling test* so **we had a pizza party.**

Español (*Todos los de nuestra clase aprobaron el exámen de otorgrafía* así que **hicimos una "fiesta de pizza."**)

Causa: *our class got a 100% on our spelling test* (Todos los de nuestra clase aprobaron el exámen de otorgrafía)

Efecto: *we had a pizza party* (hicimos una fiesta de pizza)

Inglés
English

Clasificación (Classifying)

Es el agrupar objetos (cosas) de acuerdo a la importancia de cada uno. Los objetos pueden agruparse de diferentes maneras.

EJEMPLO:

Se pueden clasificar los dinosaurios por lo que comen. Un grupo puede ser carnívoros (meat eaters) y los otros herbívoros (plant eaters). Podemos poner los dinosaurios en el grupo correcto.

Carnívoros	Herbívoros
Tyrannosaurus	Triceratops
Allosaurus	Stegosaurus
Velociraptor	Brachiosuarus
Ceratosaurus	Apatosaurus

También podemos clasificar a los dinosaurios como de dos patas, de cuatro patas, por tamaño o por habitat.

Apócope (Clipped Words)

Palabras que se han acortado. Estas palabras no son abreviaciones.

EJEMPLOS:

mathematics ~ math   telephone ~ phone
advertisement ~ ad   airplane ~ plane

Inglés

English

Coma (Comma)

Una pausa que ayuda a aclarar una frase.

EJEMPLOS:

1. Después de palabras introductorias (si, pués, no, etc.).

Inglés *Well, will you please clean your room?*

Español (Bueno, ¿me harás el favor de limpiar tu cuarto?)

2. En una serie de tres o más objetos.

Inglés *Superman, Batman, and Spiderman are all superheroes.* (El Superhombre, el Hombre Murciélago,

Español y el Hombre Araña son todos superheroes.)

3. Para separar dos o más adjetivos en un enunciado.

Inglés *A fresh, ripe, and red apple was on the table.*

Español (Una manzana fresca, madura, y roja estaba sobre la mesa.)

4. Antes de la conjunción en una frase compuesta.

Inglés *Some of the kids were playing ball, but other kids were eating a snack.* (Algunos de los niños

Español jugaban a la pelota, pero otros niños comían un bocadito.)

5. Para separar sustantivos vocativos (la palabra que se emplea para dirigirse directamente a una persona).

Inglés *Mandy, will you help me set the table?*

Español (Mandy, ¿me ayudarás a poner la mesa?)

Inglés

English

Coma (Comma) *continuación*

6. Se usa entre los nombres de una ciudad y un estado.

Poway, California

7. Después de un saludo en una carta amistosa.

Dear Juana,

8. Después del cierre en una carta.

Sincerely yours,

Enunciado Compuesto (Compound Sentence)

Dos o más oraciones independientes unidas por una conjunción (oraciones simples) o un verbo de enlace. Se puede usar para separar las partes de una oración compuesta.

Conjunciones:

and-or-but-however-therefore-because-since

EJEMPLO: *and* (y)

Inglés There are five hundred fish in the pond. There are twenty goldfish in the pond.

Español (Hay quinientos peces en el estanque. Hay veinte peces dorados en el estanque.)

Enunciado Compuesto:

Inglés There are five hundred fish in the pond **and** twenty of them are goldfish.

Español (Hay quinientos peces en el estanque **y** veinte de ellos son peces dorados.)

18

Inglés
English

Enunciado Compuesto (Compound Sentence) *continuación*

EJEMPLO: *or* (o)

_{Inglés} **Enunciado Compuesto:** Do you want to go to the movies *or* do you want to go shopping?

_{Español} (¿Quieres ir al cine *o* quieres ir de compras?)

EJEMPLO: *but* (pero)

Enunciado Compuesto:

_{Inglés} There are five hundred fish in the pond *but*
_{Español} only twenty are sharks. (Hay quinientos peces en el estanque *pero* sólo veinte son tiburones.)

EJEMPLO: *however* (sin embargo)

_{Inglés} *Antz* was a good movie, ***however***, more people went to see *A Bugs Life.*

_{Español} (*Antz* fue una buena película, ***sin embargo***, más gente fue a ver *La Vida de un Insecto*.)

Sujeto Compuesto (Compound Subject)

Cuando se unen dos o más sujetos simples con una conjunción. Combina los dos sujetos simples en la oración a continuación:

EJEMPLO: _{Español}

_{Inglés} Daniel will go to school. (Daniel va a ir a la escuela.)
_{Inglés} Maria will go to school. (María va a ir a la escuela.)

Enunciado Compuesto:
_{Inglés} Daniel ***and*** Maria will go to school.
_{Español} (Daniel *y* María van a ir a la escuela.)

Sujeto Compuesto: Daniel *y* María

Inglés

English

Palabra Compuesta (Compound Word)
Dos palabras se juntan para hacer una.

EJEMPLOS:

volleyball = volley ✛ ball

baseball = base ✛ ball

classroom = class ✛ room

chalkboard = chalk ✛ board

football = foot ✛ ball

flashlight = flash ✛ light

Conflicto (Conflict)
Es un problema que pone a un personaje contra una fuerza de la naturaleza o contra otro personaje. También puede tratarse del personaje y sus emociones. La mayoría de las películas y los libros tienen conflictos.

EJEMPLO:

El *policía* y el *ladrón* estaban en conflicto.

Inglés
English

Conjunción (Conjunction)

Las conjunciones unen palabras o grupos de palabras. También unen las partes de los sujetos compuestos, los predicados compuestos y las oraciones compuestas.

EJEMPLO:

Inglés Fifty students are in the class *and* twenty students are girls.

Español (Cincuenta alumnos están en la clase *y* veite sonalumnas.)

Conjunción: *and* (y)

Conjunciones comunes:
both...and; either...or; neither...nor

Contexto (Context)

Es una manera de saber el significado de una palabra o término por medio de examinar las otras palabras de la oración. Es útil valerse de este método cuando desconocemos una palabra en una oración.

EJEMPLO:

Inglés *The player used a ? to hit a homerun.*

Español (El jugador usó un ? para pegar un honron.)

Al examinar las palabras alrededor del ? nos damos cuenta de que están jugando béisbol y que el jugador pegó una carrera usando un *bate*.

Inglés

Contracción (Contraction)

Es la unión de dos palabras en una más corta, usando un apóstrofe.

EJEMPLO:

cannot ~ can't   we are ~ we're   I am ~ I'm

Grado (Degree)

Son las palabras (adjectivos) que indican una comparación entre objetos. Además, puede mostrar un grado positivo.

1. El grado positivo sólo describe algo cuando no se hace una comparación.

Inglés **Ejemplo:** August *is* a very hot month.

2. El grado comparativo se usa cuando se comparan dos cosas. Se forma al anadir *-er* o la palabra "more" al adjetivo.

Inglés **Ejemplo:** August is *hotter* than May.

3. El grado superlativo muestra la comparación entre 3 o más cosas, y se forma al añadir *-est* o la palabra "most" al adjectivo.

Inglés **Ejemplo:** August is the *hottest* month.

Inglés

English

Digraph (sh-ch-th-wh-gh-ph)

Es la combinación de dos letras para formar un sólo sonido.

EJEMPLOS:

Shut, **Ch**eck, **Th**e, **Wh**en, Thou**gh**, **Ph**one

Diptongo (Diphthong)

Cuando dos vocales diferentes están juntas en una palabra y se escuchan las dos. Este sonido se pronuncia en una sola sílaba.

EJEMPLOS:

El sonido -*ou* de la palabra h<u>ou</u>se o el sonido -*oi* de la palabra n<u>oi</u>se.

Fantasía (Fantasy)

Algo que puede existir sólo en la imaginación.

EJEMPLO:

<u>Alice In Wonderland</u> es una fantasía porque un conejo que habla no existe en nuestro mundo.

23

Inglés
English

Ficción (Fiction)
Es algo que no es verdad o real.

EJEMPLOS:

Willie Wonka and the Chocolate Factory es ficción porque no sucedió.

Independence Day es ciencia ficción.

Appolo 13 es el relato de algo que sucedió. No es ficción.

Cuento Folklórico (Folktale)
Una historia que va pasando de una persona a otra a través del tiempo. El cuento folklórico comienza contando algo verdadero sobre personas reales, pero con cada recuento, se añaden ideas nuevas hasta que se vuelve un mito. También pueden ser canciones.

EJEMPLO:

Paul Bunyan, Cinderella, y *Sleeping Beauty* son todos cuentos folklóricos.

Inglés
English

Nota (Footnote)
Es una nota que explica o da la fuente de una cita, hecho, o idea que aparece en tu tratado. Se indican con un número pequeño levantado y aparecen generalmente al pie de la página, o agrupadas al final del capítulo.

EJEMPLOS:

Libro (un autor)
[1]D. J. McLaughlin, The Student's Homework Dictionary (2d ed; Poway: DAMAND Publishing, 1997), p. 513.

Libro (dos autores)
[2]D. J. McLaughlin and R. A. Johnston, The Parent's Homework Dictionary (2d ed; Poway: DAMAND Publishing, 1996), p. 621.

Revista
[3]"Bugs Bunny Wins the Championship," Newsmonth (November 10, 2000), p. 10.

Artículo del periódico
[4]Tomas Torres, "Yankees Win the World Series," Imperial Valley Paper (May 10, 2000), p.13, col 2.

Inglés

English

Homónimo (Homonym)

Es una palabra que se deletrea igual pero que tiene otro significado.

EJEMPLO:

Inglés To eat a **mint** is different than the *gold is kept at the mint*.

Español (Jugar con **una muñeca** no es igual que fracturarse *la muñeca*.)

Homófono (Homophone)

Palabras que se pronuncian igual pero se deletrean diferente y tienen diferentes significados.

EJEMPLO:

Inglés wear - where; loan - lone; hear - here

Español (usar - donde; prestar - solo; oir - aquí)

Modismo (Idiom or Idiomatic Phrase)

Un grupo de palabras (frase) que tiene un significado especial y que no se puede comprender literalmente.

Ejemplo: El modismo en inglés *"It's raining cats and dogs"* quiere decir que está lloviendo mucho, y no quiere decir nada de gatos y perros. Los modismos no se comprenden por sus palabras individuales y generalmente no se pueden traducir a otro idioma. Cada idioma tiene sus propios modismos.

Inglés

English

Inferencia (Inference)

Es cuando uno puede darse cuenta de lo que pasa por la información que se da. Muchas veces un cuento de misterio no da toda la información al lector para que tenga que valerse de la inferencia para adivinar la información que falta.

EJEMPLO:

Inferencia:

Celeste colocó la lombriz en el anzuelo y luego puso el anzuelo en el agua. Después de un rato sintió un tirón en su sedal así que lo enrolló y echó una mirada a su anzuelo pero nada había.

No se menciona la pesca en las oraciones pero por inferencia sabemos que Celeste estaba pescando.

Interjección (Interjection)

Una palabra o grupo de ellas que expresa un sentimiento o emoción, y que generalmente se separan de la oración por signos de exclamación (emociones fuertes) o comas. Una interjección normalmente aparece al comienzo de la oración.

Inglés
English

Interjección (Interjection) *continuación*

Interjecciones comunes en inglés son: Ah, Good grief, Hey, Hurrah, Oh, Oh no, Oops, Ouch, Ugh, Whew, and Wow.

EJEMPLO:

Inglés **Wow!** That was a great game.

Español (¡**Caramba!** ese fue un partido bueno.)

Interjección: *Wow* (Caramba)

EJEMPLO:

Inglés **Hey,** look before you cross the street!

Español (¡**Oye!** mira antes de cruzar la calle!)

Interjección: *Hey* (Oye)

Metáforo (Metaphor)
Compara dos cosas diferentes al decir que una cosa es la otra.

EJEMPLO:

Nuestra maestra es una computadora cuando suma.

Metáforo: maestra ~ computadora

Esto quiere decir que la maestra suma muy bien.

Inglés
English

Adjetivo (Modifier)
Un modificador describe los sustantivos (nombres) en una oración.

EJEMPLO:

Inglés The **striped** shirt was torn in the wash.

Español (La camisa a **rayas** se razgó al lavarse.)

Adjetivo: *striped* (a rayas)

Mito (Myth)
Los mitos son historias de épocas antiguas que relatan las aventuras y gran valentía de los dioses y héroes. Hércules se consideraría un mito.

Negativo (Negative)
Una palabra que significa no. Las contracciones que usan la palabra **"not"** también se consideran negativos.

EJEMPLO:

Inglés We **won't** be able to go to the zoo.

Español (**No** podremos ir al zoológica.)

Negativo: *won't* (No)

Inglés You are **not** allowed to go to the game.

Español (Tu **no** tienes permiso para ir al partido.)

Negativo: *not* (no)

Inglés

English

No Ficción (Nonfiction)

Los libros que contienen información verdadera. Un libro de historia es un ejemplo de la noficción.

Sustantivo (Noun)

Nombra a una persona, lugar, cosa, o idea en una oración determinada.

EJEMPLO:

Inglés **Andy** read a **book** about **dogs**.

Español (**Andrés** leyó un **libro** sobre **perros**.)

Los sustantivos son: *Andy, book, dogs*
(Andres, libro, perros)

Sustantivos Colectivos (Noun - collective)

Se refiere a un grupo de animales, personas, o cosas en una oración. *Grupo, muchedumbre, clase, familia y equipo* son sustantivos colectivos.

EJEMPLOS:

Inglés The *family* went to Disneyland.

Español (La *familia* fue a Disneylandia.)

Sustantivo Colectivo: *family* (familia)

¿Vendrá el equipo con nosotros?

Sustantivo Colectivo: *el equipo*

30

Inglés

English

Sustantivo Compuesto (Noun - compound)

Dos o más palabras que se usan como un solo sustantivo. Los sustantivos compuestos pueden escribirse como una sola palabra, palabras separadas o con guión.

EJEMPLOS: *New York, son-in-law, baseball* son todos sustantivos compuestos.

Sustantivo Plural (Noun - plural)

Nombra más de una persona, lugar, cosa, o idea.

EJEMPLOS:

1. Los que terminan en **s, x, ch,** or **sh**... añaden **-es** (dress ~ dresses; ax ~ axes; bench ~ benches; finish ~ finishes).

2. Los que terminan en vocal y "**y**" añaden "**s**" (valley ~ valleys).

3. Los sustantivos que terminan con una consonante y "**y**" cambian la "**y**" a "**i**" y añaden "**es**" (city ~ cities).

4. Los sustantivos que terminan en "**f**" o "**fe**" cambian la "**f**" a "**v**" y añaden **-es** en algunas palabras. En otras, añaden "**s**" solamente (leaf ~ leaves; cliff ~ cliffs).

5. Los sustantivos que terminan en una vocal y "**o**", añaden "**s**" (radio ~ radios).

Inglés

Sustantivo Plural (Noun - plural) *continuación*

6. Los sustantivos que terminan en una consonante y "**o**", añaden **-es** a algunas palabras y **-s** a otras (hero ~ heroes; piano ~ pianos).

7. La mayoría de los sustantivos singulares solo añaden **-s** con la excepción de palabras especiales como (foot ~ feet; woman ~ women).

Sustantivo Plural Posesivo (Noun - plural possessive)
Un sustantivo plural que muestra posesión. Cuando el sustantivo plural termina en **-s**, añade un apóstrofe al final de la palabra (s').

EJEMPLO:

Inglés The cars that belong to the players are parked in the parking lot.

Cambiar a:

Inglés The *players'* cars are parked in the parking lot.

Sustantivos Plural Posesivo: *players'*

Para los sustantivos plurales que no terminan en "s", añade un apostrofe s ('s) para convertirlo en sustantivo posesivo.

Inglés
English

Sustantivo Propio (Noun - proper)
Nombra un individuo (en particular) como el nombre de un río.

Ejemplo: El sustantivo "river" sería un sustantivo común, mientras "Colorado River" sería un sustantivo propio.

Sustantivo Singular Posesivo (Noun - singular possessive)
Muestra posesión al añadir un apóstofe y **"s"** al final de la palabra.

EJEMPLO:

Inglés The tiger has big teeth.

Español (El tigre tiene dientes grandes.)

Cambiar a: The ***tiger's*** teeth are big.

Sustantivo Singular Posesivo: *tiger's*

Objeto Directo (Object - direct)
Le sigue al verbo de acción en una oración. El objeto directo es un sustantivo o un pronombre en el predicado que recibe la acción del verbo.

EJEMPLO:

Inglés The boy steers the red ***bike***.

Español (El niño maneja la ***bicicleta*** roja.)

Verbo: steers (maneja)

Objeto Directo: *bike* (bicicleta)

Inglés

English

Objeto Indirecto (Object - indirect)

El objeto directo recibe la acción mientras que el objeto indirecto indica quién o qué fue afectado por la acción.

EJEMPLO:

El lanzador tiró la *pelota* al **recibidor**.

Objeto Directo: *pelota*

Objeto Indirecto: *recibidor*

Bosquejo (Outlining)

Existen varios modelos de bosquejo, sin embargo, el que sigue es el más común en nuestro sistema escolar.

1. Comienza el bosquejo con un título para el tema.

2. Ordena los temas principales en forma lógica.

3. Usa números romanos ante los temas principales I, II, III, IV, V etc.

4. Usa letras mayúsculas para cada tema secundario.

5. Usa números arábicos para cada detalle.

REGLAS (Rules):

Si usas un I, tienes que tener un II; si tienes una A, tambien tienes que tener una B, etc. Usa letras mayúsculas para la primera palabra en cada tema principal, sub tema y detalle.

Inglés
English

Bosquejo - Sample

Título del Tema

I. **Tema Principal**
    A. *Tema Secundario*
        1.   Detalle
        2.   Detalle

    B. *Tema Secundario*
        1.   Detalle
        2.   Detalle

II. **Tema Principal**
    A. *Tema Secundario*
        1.   Detalle
        2.   Detalle

    B. *Tema Secundario*
        1.   Detalle
        2.   Detalle

¡Sigue el modelo!

Inglés

English

Párrafo y Detalles de Apoyo

(Paragraph & Supporting Details)
Un grupo de oraciones sobre una misma idea.
Cada párrafo debe tener una oración de tema y
detalles de apoyo.

EJEMPLO:

El portaviones **Enterprise** es una de las
naves más grandes de nuestra fuerza
marina. Puede cargar hasta **100 aviones** y
más de **5,000 hombres**. La velocidad
máxima de este buque descomunal es de más
de **30 millas por hora**. Genera suficiente
electricidad como para alumbrar a **toda
una ciudad**. En cualquier día común, a
bordo de la nave se consumen más de **3,000
hamburguesas, 2,000 huevos**, y **1,000
salchichas**.

Idea Principal: *el Enterprise*

Inglés

English

Párrafo y Detalles de Apoyo *continuación*
(Paragraph & Supporting Details)

Detalles de Apoyo:

*nave grande

*carga hasta 100 aviones y más de 5,000
   hombres

*velocidad máxima más de 30 millas por hora

*genera electricidad para alumbrar a una
   ciudad

*3,000 hamburguesas, 2,000 huevos, y 1,000
   salchichas se consumen

Al escribir un párrafo sobre cualquier tema, lo
único que se necesita hacer es organizar el tema
principal y los detalles de apoyo. Una vez que esté
todo el material organizado, se tiene que usar
palabras descriptivas para describir los detalles.
Por ejemplo, en lugar de decir *"Esta nave corre
muy rápido"* dijimos *"La velocidad máxima de
este buque descomunal es más de 30 millas por
hora."*

¿Cuál de las dos oraciones prefieres?

Inglés
English

Participios (Participle)

Forma del verbo que puede cumplir la función de verbo o de adjectivo.

EJEMPLOS:

Verbo	Participios Presente	Pasado	Participios Pasado
paint	is painting	painted	has painted
plan	is planning	planned	has planned
play	is playing	played	has played

Personificación (Personification)

Da a los objetos cualidades humanas.

EJEMPLOS:

Inglés The computer has a mind of its own.

Español (La computadora tiene voluntad propia.)

Inglés The car is being stubborn!

Español (¡El carro se está poniendo terco!)

La computadora realmente no tiene mente y un carro no puede ser terco.

Inglés

Poesía (Poetry)

Haiku

Un poema corto japonés. Haiku normalmente sigue un patrón de tres líneas con diecisiete sílabas. La primera línea tiene cinco sílabas, la segunda línea tiene siete, y la tercera línea tiene cinco.

Quintilla Jocosa (Limerick)

Quintilla jocosa es un poema gracioso con cinco líneas de ritmos especiales o esquemas de ritmo.

Soneto (Sonnet)

Un soneto es un poema de catorce versos con dos cuartetos y dos tercetos y un esquema fijo de rima y movimiento.

Repetición (Repetition)

Repetición es simplemente el repetir palabras o frases una y otra vez. Este tipo de poema da énfasis a la idea principal y ayuda al lector a recordar esa idea.

Inglés
English

Predicado (Predicate)
Dice lo que es el sujeto o lo que hace (el verbo).

EJEMPLO:

Inglés The **driver** *steers* the big bus.
Español (El **chofer** *maneja* el omnibus grande.)

Sujeto: *driver* (chofer)
Predicado: *steers* (maneja)

Predicado Completo (Predicate - complete)
Todas las palabras que están en el predicado.

EJEMPLO:

Inglés The capital of Utah *is Salt Lake City*.
Español (La capital de Utah *es Salt Lake City*.)

Predicado Completo: (es) *is Salt Lake City*

Predicado Compuesto (Predicate - compound)
Cuando se unen dos o más predicados simples con una conjunción (and/or) para formar una sola oración. Une los dos predicados simples en las siguientes oraciones:

EJEMPLO:

Español

Inglés The girls stood at the game. (Las niñas se pararon en el partido.)
Inglés The girls watched the game. (Las niñas vieron el partido.)
Inglés The girls *stood and watched* the game.
Español (Las niñas se *pararon y vieron* el partido.)

Predicado Compuesto: *stood and watched*
(pararon y vieron)

40

Inglés
English

Prefijo (Prefix)
Son letras que se unen al comienzo de una palabra para cambiar el significado o el tiempo.

EJEMPLOS:

re ~ make: remake
un ~ known: unknown

Preposición (Preposition)
Palabra que muestra la relación entre un sustantivo o pronombre y otras palabras en la oración.

EJEMPLO:

Inglés Lisa found the book **under** the chair.

Español (Lisa encontró el libro **debajo** de la silla.)

Preposición: *under* (debajo)

Objeto de la Preposición (Preposition - object of the)
Sustantivo o pronombre que sigue la preposición.

EJEMPLO:

Inglés Billy found the book under the **chair**.

Español (Guillermo encontró el libro debajo de *la silla*.)

Object of the Proposition: *chair* (la silla)

<u>Under</u> (debajo) es la preposición porque indica una relación entre Billy y la silla. Entonces, <u>chair</u> (la silla) tiene que ser el objeto de la preposición.

41

Inglés

English

Frase Preposicional (Prepositional Phrase)

Se compone de la preposición, el objeto de la preposición y todas las demás palabras entre ellas.

EJEMPLO:

Inglés Billy found the book **under the chair**.

Español (Guillermo encontró el libro **debajo de la silla**.)

Preposición: *under* (debajo)

Objeto de la Preposición: *chair* (la silla)

Frase Preposicional: *under the chair*
(debajo de la silla)

Pronombre (Pronoun)

Una palabra que toma el lugar de un sustantivo o sustantivos. Los pronombres incluyen *"I, we, they, she he, you, me, it, us, them, him* y *her."*

EJEMPLOS:

Inglés ***Elizabeth*** went to the restaurant yesterday.

Español (***Elizabeth*** fue al restaurante ayer.)

Inglés ***She*** went to the restaurant yesterday.

Español (***Ella*** fue al restaurante ayer.)

Pronoun: *Ella* se sustituye por *Elizabeth*

Inglés

Pronombre (Pronoun) *continuación*

EJEMPLO:

Inglés **Maria** and **John** went to the beach yesterday.
Español (**María** y **Juan** fueron a la playa ayer.)

Inglés **They** went to the beach yesterday.
Español (**Ellos** fueron a la playa ayer.)

Pronoun: *They*
Ellos reemplaza a los nombres *María* y *Juan*.

Pronombre Objetos (Pronoun - object)

Puede reemplazar los sustantivos que se usan **después** del verbo, o después de las palabras "to, for, with, in o at."

Los pronombres objetos son *"me, you, he, her, it, us,* y *them."*

EJEMPLO:

Inglés John waved to **the crowd**.
Español (Juan hizo adiós a **la muchedumbre**.)

Inglés John waved to **them**.
Español (Juan les hizo adiós a **ellos**.)

Verbo de Acción: *waved* (hizo adiós)
Pronombre Objeto: *them* (ellos)

43

Inglés

English

Pronombre Posesivo (Pronoun - possessive)

Un pronombre posesivo puede reemplazar un nombre posesivo. Algunos pronombres posesivos aparecen antes de un nombre. Usa *my, your, his, hers, its, our,* y *their* antes del sustantivo en una oración. Usa *mine, yours, his, hers, its, ours,* y *theirs* para reemplazar los sustantivos en una oración.

EJEMPLOS:

Inglés **His** story will be printed in the newspaper.

Español (*Su* historia se publicará en el periódico.)

Pronombre Posesivo: *His* (Su)

Inglés Please give back *my* baseball.

Español (Por favor, devuelve *mi* pelota de beisbol.)

Pronombre Posesivo: *my* (mi)

Inglés That ball is ***mine****!*

Español (¡Esa pelota es *mía*!)

Pronombre Posesivo: *mine* (mía)

Inglés ***Our*** car has a dent in the fender.

Español (*Nuestro* coche tiene un abollón en el guardafango.)

Pronombre Posesivo: *Our* (Nuestro)

Inglés

English

Puntuación (Punctuation)

Apostrophes (') - Los apóstrofes se usan para formar los sustantivos posesivos singulares, (teacher's) los sustantivos plurales que terminan en "-s" (Torres') los sustantivos plurales que no terminan en "-s" (women's) y en las contracciones para reemplazar las letras omitidas (they will - they'll).

End Marks - Se encuentran al final de una oración. Las oraciones declarativas o imperativas se terminan con un punto final. Las preguntas se terminan con un signo de interrogación (?), y las exclamaciones se terminan con un signo de exclamacion (!).

Colon (:) - Se puede usar después de un saludo en una carta de negocio, antes de una lista, o para juntar dos frases completas.

Comma (,) - ve Coma

Quotation Marks (" ") - Las comillas indican las palabras exactas de una persona.

Semicolon (;) - Se usa como una coma fuerte para separar frases, títulos, o nombres con direcciones, etc.

Inglés
English

Cita (Quotation)

Direct - Indica las palabras exactas del que habla. Las citas directas llevan mayúsculas y se encierran con comillas al comienzo y al final de la cita.

EJEMPLO:

Inglés "Always do your best," said the teacher.

Español ("Hagan lo mejor que puedan siempre," dijo el maestro.)

Indirect - Indica lo que dijo el que habla sin usar sus palabras exactas.

EJEMPLO:

Inglés The teacher said to do our best.

Español (El maestro nos dijo que hicieramos lo mejor que podamos.)

Enunciado (Sentence)

Un grupo de palabras que expresan un pensamiento completo. La frase debe contener un sujeto y un predicado.

EJEMPLO:

sujeto   predicado

Inglés Elmo likes to be tickled on the tummy.

Español (A Elmo le gusta que le hagan cosquillas en la barriguita.)

Enunciado Declarativo (Sentence - declarative)

Hace una declaración y termina con un punto.

EJEMPLO:

Inglés The first day of practice is always the hardest.

Español (El primer día de práctica es siempre el más difícil.)

Inglés

English

Enunciado Exclamatorio (Sentence - exclamatory)

Expresa sentimientos fuertes y termina con un punto de admiración.

EJEMPLO:

Inglés She is a great mom!

Español (¡Ella es una mamá estupénda!)

Imperativo (Sentence - imperative)

Da una orden o una demanda y termina con un punto.

EJEMPLO:

Inglés Don't run on the bus.

Español (No corras en el autobus.)

Inglés Please check your binder.

Español (Por favor, revisa tu cuaderno.)

Enunciado Frases (Sentence - fragment)

Un grupo de palabras que no expresan un pensamiento completo o no tiene un sujeto o un predicado.

EJEMPLO: Enunciado Completo

Inglés Kermit and Miss Piggy **went to the beach**.

Español (Kermit y Miss Piggy *fueron a la playa*.)

Enunciado Frases: *went to the beach*
(fueron a la playa)

Las palabras no hacen una oración completa porque falta el sujeto.

Inglés
English

Oración Interrogativa (Sentence - interrogative)
Hace una pregunta y termina con un signo de interrogación.

EJEMPLO:

Inglés When will Pattie arrive at school?

Español (¿Cuándo llegará Pati a la escuela?)

Símil (Simile)
Compara dos cosas al declarar que una cosa <u>es como</u> otra.

EJEMPLO:

El jugador corre como el viento.

Símil: *el jugador ~ el viento*

Esto indica que el corredor es veloz.

Sujeto (Subject)
Indica de qué o de quién trata la oración.

EJEMPLOS:

Inglés The **tiger** slept all day.

Español (El **tigre** durmió todo el día.)

Sujeto: *tiger* (tigre)

Inglés The **student** studied for a math test.

Español (El **estudiante** estudió para un exámen de matemática.)

Sujeto: *student* (estudiante)

Inglés

English

Sujeto Completo (Subject - complete)

Son todas las palabras (modificadores) que componen el sujeto.

EJEMPLO:

Inglés *The coach and the player* waved to the crowd.

Español (*El entrenador y el jugador saludaron* al público.)

Sujeto Completo:

The coach and the player

(El entrenador y el jugador saludaron)

Sujeto Simple (Subject - simple)

La palabra o palabras más importantes del sujeto completo.

EJEMPLO:

Inglés The *girls* at the school play softball.

Español (Las *muchachas* juegan a la pelota en la escuela.)

Sujeto Completo: *The girls at the school*

Sujeto Simple: *girls* (muchachas)

49

Inglés

English

Concordancia Entre el Sujeto y el Verbo

(Subject - Verb Agreement)

Cuando hay un sujeto singular debe haber un verbo singular. Cuando hay un sujeto plural debe haber un verbo plural. Esto significa, que debe haber concordancia de número entre el sujeto y el verbo.

EJEMPLOS:

Inglés The <u>student is</u> a fast runner.

Español (El <u>estudiante es</u> un corredor veloz.)

Inglés The <u>students are</u> fast runner<u>s</u>.

Español (Los <u>estudiantes son</u> corredores velo<u>ces</u>.)

<u>He is</u> a fast runner.

<u>They are</u> fast runner<u>s</u>.

<u>Ms. Smith is</u> a good teacher.

<u>Mr. Mac</u> and <u>Ms. Smith are</u> good teacher<u>s</u>.

<u>Larry Bird was</u> a great basketball player.

<u>Magic Johnson</u> and <u>Larry Bird were</u> great basketball player<u>s</u>.

50

Inglés

English

Cláusula Subordinado (Subordinate Clause)

Un grupo de palabras que contienen un sujeto y un predicado. Una cláusula puede ser parte de una oración. Cada oración contiene por lo menos una cláusula.

EJEMPLO:

Inglés The balloon floated into the air.

Español (El globo flotó en el aire.)

Sujeto: *balloon* (globo)

Predicado: *floated* (flotó)

Cláusula: *The balloon floated* (El globo flotó)

Suffix

Se aumenta un sufijo al final de una palabra base.

EJEMPLOS:

wearable = wear ~ *able*

basement = base ~ *ment*

played = play ~ *ed*

Inglés

English

Silabeo (Syllabication)

Una manera de dividir palabras en sílabas que normalmente se ve en diccionarios.

EJEMPLO: syl~la~bi~ca~tion

Reglas(Rules): Para dividir palabras en sílabas.

l. **Afijos**

Cuando una palabra tiene una añadidura (prefijo o sufijo) se divide entre la raíz y la añadidura: **help - ful**

2. **Compuestos**

Se divide entre las dos palabras:
foot - ball

3. **Consonantes Dobles**

Cuando una palabra tiene consonantes dobles se divide entre las consonantes dobles: **bub - ble**

Inglés

Silabeo (Syllabication) *continuación*

4. Dos Consonantes
Cuando dos consonantes occurren entre dos
vocales se divide entre las consonantes:
sis - ter

5. Una Consonante
Cuando una consonante occurre entre
dos vocales, se divide la palabra entre la
primera vocal y la consonante:
spo - ken

6. Terminal *LE*
Cuando una consonante es seguida por *"le"*,
se divide la palabra antes de la consonante.
ta - ble

7. X
Cuando la letra *x* occurre entre dos vocales,
se divide la palabra despues de la *"x"*.
ox - en

Inglés

English

Sinónimo (Synonym)
Palabras que tienen un significado similar.

EJEMPLO:

La palabra **talk** tiene los siguientes sinónimos:

speak

yell

relate

explain

convey

Tiempo Futuro (Tense - future)
Un verbo que dice lo que pasará en el futuro usando los verbos auxiliares **will** o **shall**.

EJEMPLOS:

Inglés Natalie **will** bring her new car to the parade.

Español (Natalia **llevará** su auto nuevo al desfile.)

Tiempo Futuro: *will*   (llevará)

Inglés

English

Tiempo Pasado (Tense - past)

Un verbo que muestra lo que ya ha pasado.

EJEMPLO:

Inglés   Stephanie **liked** her grandmother's pie.

Español   (A Estefanía **le gustó** el pastel de su abuela.)

Pasado: *liked* (le gustó)

Reglas:

1. La mayoría de verbos agregan **-ed**.
   (play-played)

2. Los verbos que terminan en *e*, añaden **-d**.
   (like-liked)

3. Los verbos que terminan en consonante
   e "*y*" cambian la **y** a *i* y añaden **-ed**.
   (study-studied)

4. Los verbos que terminan en una sola vocal
   y una consonante solamente repiten la
   consonante final y añaden **-ed**.
   (stop-stopped)

Inglés

English

Tiempo Presente (Tense - present)

Verbo que muestra acción mientras pasa.

EJEMPLO:

Inglés The teacher **sees** the students.

Español (El maestro **ve** a los estudiantes.)

Tiempo Presente: *sees* (ve)

REGLAS (rules): *para formar el presente*
Agregue - s cuando el verbo es singular. No se cambia el verbo con sujeto plural o con "I" y "you".

Tema (Topic)

El tema de cada frase, párrafo, o cuento. Cada oración tendrá un tema.

EJEMPLO:

Inglés The **tiger** is a large and beautiful animal. You would not want a **tiger** as a house cat. **It** can weigh several hundred pounds and eats $40 of meat a day.

Español (El **tigre** es un animal grande y hermoso. No quisieras tener a un **tigre** como gato casero. Puede pesar varias centenas de libras y consume $40 en carne al día.)

Tema: *Tiger*
(tigre porque cada oración trata de algo relacionado con tigres)

Inglés
English

Oración Temática e Idea Principal
(Topic Sentence and Main Idea)
La oración del párrafo que enuncia la idea principal del párrafo. Esta oración temática es apoyada por detalles.

EJEMPLO:

El portaviones Constellation es una de las naves más grandes de nuestra fuerza marina. Puede cargar hasta 100 aviones y más de 5,000 hombres. La velocidad máxima de este buque descomunal es de más de 30 millas por hora. Genera suficiente electricidad como para alumbrar a toda una ciudad. En cualquier día común, a bordo de la nave se consumen más de 3,000 hamburguesas, 2,000 huevos, y 1,000 salchichas.

Idea Principal:
Constellation

Oración Temática:
El carguero aéreo Constellation es uno de los buques más grandes de nuestra marina.

Inglés
English

Verbo (verb)

Es la palabra que indica lo que hace o hizo el sujeto.

EJEMPLO:

Inglés The ball *flew* over the fence.

Español (La pelota *voló* por el cerco.)

Sujeto: *ball* (pelota)

Verbo: *flew* (voló)

Verbo Auxiliar (Verb - helping or auxiliary)

Ayuda al verbo principal a formar una frase verbal.

EJEMPLO:

Inglés Mandy *is* winning the race.

Español (Mandy *está* ganando la carrera.)

Verbo Auxiliar: *is* (está)

Verbos Auxiliares Comunes:
has-have
is-are
can-could
should-would
do-did
will-shall
must-ought

Inglés
English

Verbo (Verb - irregular)

Verbos que no requieren - **"d"** o **"ed"** para indicar que algo ya pasó.

EJEMPLOS:

<u>Verbo</u> - *Irregular Verb*

bring - **brought**	come - **came**
go - **went**	make - **made**
run - **ran**	say - **said**
take - **took**	think - **thought**
write - **wrote**	ring - **rang**
sing - **sang**	swim - **swam**
begin - **began**	tear - **tore**
wear - **wore**	break - **broke**
speak - **spoke**	steal - **stole**
choose - **chose**	freeze - **froze**
blow - **blew**	grow - **grew**
know - **knew**	fly - **flew**

Inglés
English

Verbo de Enlace (Verb - linking)

Verbos que enlazan el sujeto de la oración con una o más palabras del predicado. El verbo de enlace no indica acción y no es auxiliar. Además, es seguido por una palabra del predicado que nombra o describe el sujeto.

EJEMPLO:

Inglés Jenny *is* a <u>teacher</u>.

Español (Jenny *es* una maestra.)

Verbo de Enlace: *is* (es)

Verbos de Enlace Comunes:
am, is, are, was, were, will be, look, feel, taste, smell, seem, appear

Frases Verbales (Verb Phrases)

Se componen de un verbo principal y un auxiliar.

EJEMPLO:

Inglés David *is winning* the race.

Español (David *está ganando* la carrera.)

Frase Verbal: *is winning* (está ganando)

60

Inglés
English

Verbo Regular (Verb - regular)

Muestra tiempo pasado agregando "**-d**" o "**-ed**" al final de la palabra.

EJEMPLOS:

jump ~ jumped

leap ~ leaped

type ~ typed

Verbo Transitivo (Verb - transitive)

Es cuando alguien o algo en el predicado recibe esa acción.

EJEMPLO:

Inglés The students **cheered** the *principal*.

Español (Los estudiantes ***aclamaron*** al director.)

Verbo Transitivo: *cheered* (aclamaron)

Objeto Directo: *principal* (director)

(el "principal" recibió la acción)

Matematicas

Sumar

Suma o Adición

Sumando (addends)

Uno de dos o más números sumados para encontrar una suma.

EJEMPLO: $2 + 3 = 5$

Los dígitos 2 y 3 son sumandos.

Dígito (digit)

Asegúrate que comprendas la diferencia entre un dígito y un número. Hay tres dígitos en el número 175. 175 = dígito **1**, dígito **7**, dígito **5**

Suma (sum)

Es cuando se suman números, su total (respuesta) se llama la suma.

EJEMPLO: $2 + 2 = 4$ (suma)

Sumar (adding)

Cuando se suman los números de varios dígitos, se les colocan en columnas verticales. Se comienza con la columna a *la derecha*, la de las unidades.

EJEMPLO:
$$
\begin{array}{r}
2\ 3\ 4 \\
+\ 1\ 2\ 4 \\
\hline
\end{array}
$$

Tapa los números que no se suman. Ahora tu problema se parece a éste:

1)
$$
\begin{array}{r}
2\ 3\ \mathbf{4} \\
+\ 1\ 2\ \mathbf{4} \\
\hline
\mathbf{8}
\end{array}
$$

2)
$$
\begin{array}{r}
2\ \mathbf{3}\ 4 \\
+\ 1\ \mathbf{2}\ 4 \\
\hline
\mathbf{5}\ 8
\end{array}
$$

3)
$$
\begin{array}{r}
\mathbf{2}\ 3\ 4 \\
+\ \mathbf{1}\ 2\ 4 \\
\hline
\mathbf{3}\ 5\ 8
\end{array}
$$

Sumar
Addition

Reagrupación (regrouping)

EJEMPLO: Acuérdate de sumar una columna a la vez, comenzando por las unidades.

Paso Uno
(step one)

$$\begin{array}{r} 2\ 5 \\ +\ 2\ 7 \\ \hline 1\ 2 \end{array}$$

$5 + 7 = 12$ *Tenemos que llevar el 1 al lugar de las decenas y reagrupar.*

Paso Dos
(step two)

···ıₗ··· *+1*

$$\begin{array}{r} 2\ 5 \\ +\ 2\ 7 \\ \hline \underline{1}\,2 \end{array}$$

Lleva el 1 arriba de la columna de las decenas.

Paso Tres
(step three)

+1

$$\begin{array}{r} 2\ 5 \\ +\ 2\ 7 \\ \hline 5\ 2 \end{array}$$

Ahora sólo suma la columna de las decenas $1 + 2 + 2 = 5.$

Restar para verifiar las sumas (subtraction to check addition)

Se debe tener en cuenta que restar es lo opuesto de sumar y que podemos valernos de una resta para verificar una suma.

EJEMPLO:

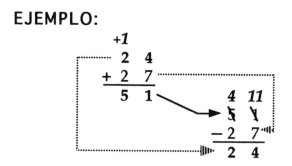

Restar

Subtraction

Restar (subtraction)

"Quítale" es lo mismo que restar.

Forma de columna

Si comienza con $5	$1 $1 $1 $1 $1						$5
Ahora quítale $2	——		$1 $1			-	$2
Te quedan $3			$1 $1 $1				$3

Oración numérica $5 - $2 = $3

Minuendo (minuend)

El número del cual se resta es el *minuendo*.

minuendo ⟶ 5 - 3 = 2

Subtrahendo (subtrahend)

El número que se resta es el subtrahendo.

5 - **3** = 2

subtrahendo ┅┅┘

65

Restar

Subtraction

Restar en forma de oración numérica

(subtracting in sentence form)

Usa los pasos siguientes para este problema:

35 - 14 =

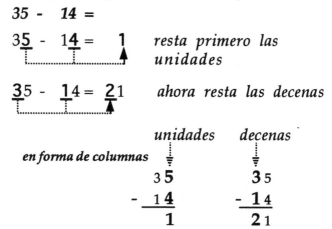

35 - 14 = **1**   resta primero las unidades

35 - 14 = **2** 1   ahora resta las decenas

en forma de columnas

	unidades	decenas
	3 5	3 5
	- 1 4	- 1 4
	1	2 1

Pedir prestado (borrowing/regrouping)

¡Recuerda! Siempre resta una columna a la vez y comienza con las unidades.

7 3
−5 5

No podemos restar 5 de 3 así que pedimos prestado del 7.

6 13
7̶ 3̶
−5 5
8

Nuestro 7 se vuelve 6 y nuestro 3 se vuelve 13. Ahora podemos restar 5.

6 13
7̶ 3̶
−**5** 5
1 8

Ahora resta la columna de las decenas.

Restar
Subtraction

Sumar para verificar la resta (addition to check subtraction)

Acuérdate de sumar, que es el opuesto de restar, para verificar la respuesta de un problema de restas.

EJEMPLO:

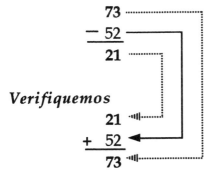

$$73$$
$$-\ 52$$
$$21$$

Verifiquemos

$$21$$
$$+\ 52$$
$$73$$

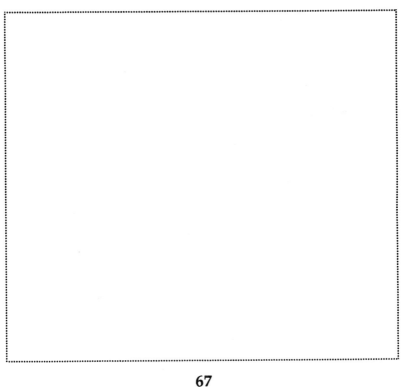

Multiplicación

Multiplication

Como Multiplicar (how to multiply)
Es una manera más rápida de sumar.

EJEMPLO: **4** grupos con **3** en cada grupo.

Podemos escribir esto como un problema de sumar:

$$3 + 3 + 3 + 3 = 12 \text{ suma}$$

o como un problema de multiplicar: $\quad 3 \times 4 = 12$ producto

número en cada grupo $\quad$ número de grupos

Igualdad (equality)
Es cuando las cantidades tienen el mismo valor. Los dos lados de la ecuación tienen el mismo valor.

EJEMPLO:

$$\frac{1}{2} = \frac{2}{4}$$

Múltiplos (multiples)
Un conjunto de números que pueden dividirse por otro número en partes iguales.

EJEMPLO: Tomemos el número **3**. Tiene los siguientes múltiplos:

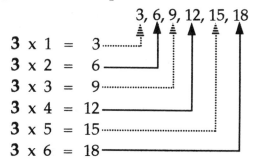

$$3, 6, 9, 12, 15, 18$$

$$3 \times 1 = 3$$
$$3 \times 2 = 6$$
$$3 \times 3 = 9$$
$$3 \times 4 = 12$$
$$3 \times 5 = 15$$
$$3 \times 6 = 18$$

Multiplicación
Multiplication

Producto (product)

Cuando se multiplican números, la respuesta se llama el producto.

EJEMPLO:

$2 \times 5 = \mathbf{10}$ ◄──────► **10** es el producto de 2 x 5

Factores (factors)

Los números que se multiplican para llegar a una respuesta.

EJEMPLO: $\mathbf{2} \times \mathbf{5} = 10$ **y** $\mathbf{1} \times \mathbf{10} = 10$

Los números 2, 5, 1, y 10 son factores (de 10) porque 10 es el producto de estos números multiplicados juntos.

EJEMPLO:

Los factores de **24** son: 1, 2, 3, 4, 6, 8, 12, 24

porque
$$1 \ \times \ 24 \ = \ 24$$
$$2 \ \times \ 12 \ = \ 24$$
$$3 \ \times \ \ 8 \ = \ 24$$
$$4 \ \times \ \ 6 \ = \ 24$$

Nota: Estas son todas las oraciones numéros de multiplicación posibles que dan **24.**

Multiplicación
Multiplication

Factorización Prima (prime factorization)

Cuando usamos sólo números primos (factorización prima) para encontrar un producto particular.

EJEMPLO:
La factorización prima para **24** es:

$$2 \times 2 \times 2 \times 3 = 24$$

porque **2** y **3** son los factores primos de **24**.

EJEMPLO:
La factorización prima para **30** es:

$$2 \times 3 \times 5 = 30$$

porque **2, 3,** y **5** son los factores primos de **30**.

Esquema de Factores (factor tree)

El "árbol" de factores es un esquema para encontrar todos los factores de un número compuesto.

EJEMPLOS: *Halla los factores de 10*
número compuesto ~ 10

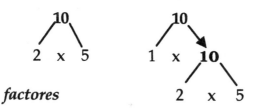

Los factores de 10 son: **1, 2, 5, 10**

Nota que todos los factores en la parte baja de los árbloes son factores primos (2 & 5)

Multiplicación
Multiplication

Desigualdades (inequalities)

Es cuando 2 números no tienen el mismo valor.

Se puede escribir ésto de tres maneras.

EJEMPLO: $3 < 4$ o $4 > 3$ o $4 \neq 3$

Definición de signos: < signifca "menos que";
> significa "más que"; ≠ significa que no es igual.

Multiplicar por 10, 100, 1000 (multiplying 10, 100, 1000)

Es lo mismo que mover el punto decimal a la derecha o agregar un cero a un número dado.

EJEMPLO:

$36 \times 10 = 360$ 36 se vuelve 360

$36 \times 100 = 3,600$ 36 se vuelve 3,600

$36 \times 1,000 = 36,000$ 36 se vuelve 36,000

Multiplicación
Multiplication

Multiplar enteros positivos y negativos
(multiplying positive and negative integers)

Cuando multiplicamos enteros positivos y negativos, necesitamos seguir el cuadro de abajo.

Cuando se multiplica:

Un positivo por un positivo la respuesta es *positiva*: $^+4$ x $^+4$ = $^+16$

Un positivo por un negativo la respuesta es *negativa:* $^+4$ x $^-4$ = $^-16$

Un negativo por un negativo la respuesta es *positiva*: $^-4$ x $^-4$ = $^+16$

Simplemente, multiplica como de costumbre y acuérdate de las reglas para los signos de "+" y de "-".

División

Division

Definición (definition)

Es lo opuesto de la multiplicación o una manera más rápida para restar. División es cuando tenemos un grupo grande de artículos que partimos en grupos iguales más pequeños.

EJEMPLO:

Todos los siguientes son problemas de *división*.

$48 \div 6$ división

$\dfrac{48}{6}$ fracción

$6\,\overline{\smash{)}48}$ división

48:6 proporción

Dividendo (dividend)

Es el número que es dividido por el divisor.
$360 \div 10 = 36$ donde 360 es el *dividendo*.

$10\,\overline{\smash{)}360}$ ◄—— *dividendo* ——► $360 \div 10 = 36$

Divisor

El número que se divide en el dividendo. $360 \div 10 = 36$ donde 10 es el divisor.

$360 \div \underline{10} = 36$ *divisor* ——► $10\,\overline{\smash{)}360}$

Cociente (quotient)

Cuando se dividen números la respuesta se llama el cociente.

$\overset{36}{10\,\overline{\smash{)}360}}$ ◄—— *cociente* $360 \div 10 = \mathbf{36}$

Division
Division

Como Dividir (how to divide)

¡Siguiendo la regla de los cuatro pasos, no te equivocarás!

EJEMPLO:

1) **Divide** 4 entre 29

$$
4\overline{)2\ 9\ 4}^{\,7}
$$

4 no entra en 2, así que pasamos al siguiente dígito, a 29. 4 entra en 29 un total de 7 veces.

2) **Multiplica** 7 x 4

$$
4\overline{)2\ 9\ 4}^{\,7} \\
2\ 8
$$

$7 \times 4 = 28$

3) **Resta** 29 - 28

$$
4\overline{)2\ 9\ 4}^{\,7} \\
-\ 2\ 8 \\
\overline{1}
$$

$29 - 28 = 1$

4) **Baja** el 4

$$
4\overline{)2\ 9\ 4}^{\,73} \\
-\ 2\ 8 \\
\overline{1\ 4} \\
1\ 2
$$

y divide 14 entre 4

tres veces

De nuevo

$$
4\overline{)2\ 9\ 4}^{\,73\ r\ 2} \\
-\ 2\ 8 \\
\overline{1\ 4} \\
-\ 1\ 2 \\
\overline{2}
$$

4 no entra en 2

tenemos un restante

de 2

74

División

Division

Dividir por 10 (dividing by 10)

Es lo mismo que mover el punto decimal a la izquierda (o hacer menor el valor del número).

EJEMPLO:

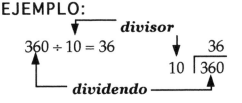

$$360 \div 10 = 36$$

Comenzamos con **360** y lo dividimos en **10** grupos iguales. Terminamos con 36 en cada grupo. Nota que para llegar a **36.0** desde **360**, movimos el punto decimal un lugar a la izquierda.

EJEMPLOS:

Mueve el punto decimal **2** sitios a la izquierda:
$$3\,6\,0. \div 1\,\underline{0}\,\underline{0} = 3\,\underline{.}\,6.0.$$

Mueve el punto decimal **3** sitios a la izquierda:
$$3\,6\,0. \div 1,\underline{0}\,\underline{0}\,\underline{0} = \underline{.}\,3.6.0.$$

Mueve el punto decimal **4** sitios a la izquierda:
$$3\,6\,0. \div 1\,\underline{0}\,,\underline{0}\,\underline{0}\,\underline{0} = \underline{.}\,0.3.6.0.$$

pon un cero

Pista: Cuando el punto decimal se mueve a la izquierda, tienes que poner los ceros a la izquierda del 3 para que el número sea correcto.

División

Division

Multiplicación para verificar división

Multiplica el divisor por el cociente para encontrar el dividendo.   ¿Da 48 ÷ 6 = 8 ???

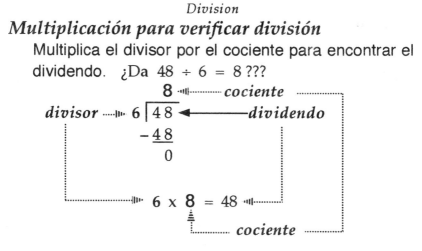

Este problema de división debe tener la respuesta correcta porque multiplicamos el divisor por el cociente para encontrar el dividendo.

Dividir con restantes diferentes (dividing different #)

Esto quiere decir que nos sobra algo.   Podemos escribir ésto con un decimal, una fracción, o como un restante.   Probemos 27 ÷ 6 =

EJEMPLO: *Sobrante como número decimal:*

$$
\begin{array}{r}
4.5 \\
6\overline{)27.0} \\
-24 \\
\hline
3\;0 \\
-\;3\;0 \\
\hline
0
\end{array}
$$

Agregamos un punto decimal al dividendo y al cociente y dividimos hasta que no hay a nada a la izquierda para dividir.

División

Dividir con restantes diferentes continuación

EJEMPLO: *Restante como una fracción:*

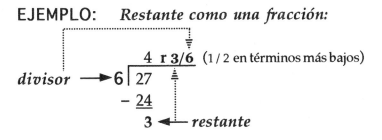

$$\overset{\text{4 r 3/6}}{\underset{\text{divisor} \longrightarrow 6\overline{)27}}{}}\quad (1/2 \text{ en términos más bajos})$$

divisor ⟶ 6 ⟌ 27
           − 24
              3 ⟵ restante

EJEMPLO: *Restante como un restante:*

4 r 3
6 ⟌ 27
  − 24
     3

Cómo no podemos quitar 6 de 3, decimos que restante 3. Hay un restante de 3. La letra "r" significa restante.

División
Division

Dividir con números negativos (dividing negative integers)

Dividir números negativos es lo mismo que multiplicar números negativos. Haz la división, entonces cuenta el número de signos negativos.

EJEMPLOS:

Al dividir un número negativo tu respuesta será **negativa**.

$$^-4 \div {^+2} = {^-2}$$

Al dividir dos números negativos tu respuesta será **positiva**.

$$^-4 \div {^-2} = {^+2}$$

Al dividir con todos números positivos, siempre te dará una respuesta **positiva**.

$$^+4 \div {^+2} = {^+2}$$

Al dividir un número impar de negativos, te da una respuesta **negativa**.

$$(^-12 \div {^-6}) \div ({^-4} \div {^+2}) = {^-1}$$

$$^+2 \div {^-2} = {^-1}$$

Al dividir un número igual de negativos, te da una respuesta **positiva**.

$$(^-12 \div {^-6}) \div ({^-4} \div {^-2}) = {^+1}$$

$$^+2 \div {^+2} = {^+1}$$

Fracciones

Definiciones (definition)

Una fracción es una parte de un entero. Si tenemos una hoja entera de papel y la cortamos por la mitad, entonces tenemos:

Whole

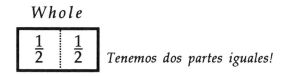

Tenemos dos partes iguales!

Denominador (denominator)

Es el número de abajo en una fracción.

EJEMPLO:

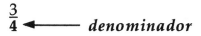

$$\frac{3}{4} \longleftarrow denominador$$

El **4** es el denominador. Esta fracción significa que nos quedan 3 de **4** partes.

Numerador (numerator)

Es el número de arriba en una fracción.

EJEMPLO:

$$\frac{3}{4} \longleftarrow numerador$$

Fracciones

Fractions

Sumar Fracciones - con el mismo denominador (add fractions)

Si los denominadores son iguales, simplemente los sumas. El denominador en la respuesta será el mismo que en el problema.

EJEMPLO:

$$\frac{3}{7} + \frac{2}{7} = \frac{}{7}$$ *escribe primero el denominador*

Ahora suma los numeradores.

$$\frac{3}{7} + \frac{2}{7} = \frac{5}{7}$$

Sumar Fracciones - denominadores diferentes (add fractions)

Cuando sumamos fracciones con denominadores diferentes, necesitamos hacer que los denominadores sean iguales. Aquí está lo que hacemos:

Para sumar las fracciones

$$\frac{2}{4} + \frac{3}{8} =$$

Necesitamos cambiar un denominador (4) de manera que es igual que el otro denominador (8).

Multiplique x 2

$$\frac{2 \times 2}{4 \times 2} = \frac{4}{8}$$ ¡Los denominadores son ahora iguales! Sólo los numeradores.

$$\frac{4}{8} + \frac{3}{8} = \frac{7}{8}$$

Recuerda: Una vez que los denominadores son iguales, sólo es asunto de sumar los numeradores.

Fracciones

Restar Fracciones - con el mismo denominador (subtracting)
Similar a sumar fracciones porque cuando tenemos los mismos denominadores, simplemente restamos los numeradores.

EJEMPLO:

$\dfrac{4}{8}$ - $\dfrac{3}{8}$ = $\dfrac{}{8}$ *pon primero el denominador*

$\dfrac{4}{8}$ - $\dfrac{3}{8}$ = $\dfrac{1}{8}$

Ahora sólo resta los numeradores.

Restar Fracciones   con denominadores diferentes (subtracting)
Recuerda, si lo denominadores son iguales, sólo resta los numeradores. Si los denominadores son diferentes, multiplica un denominador por un número para tener el mismo denominador. Igual como hacíamos cuando sumamos fracciones con denominadores diferentes.

EJEMPLO:

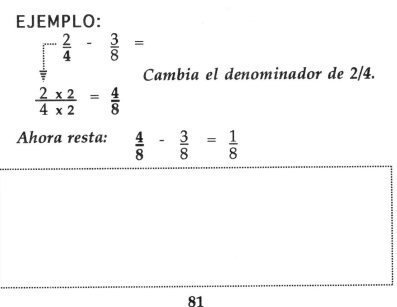

$\dfrac{2}{4}$ - $\dfrac{3}{8}$ =

Cambia el denominador de 2/4.

$\dfrac{2 \times 2}{4 \times 2}$ = $\dfrac{4}{8}$

Ahora resta: $\dfrac{4}{8}$ - $\dfrac{3}{8}$ = $\dfrac{1}{8}$

Fracciones

Fractions

Multiplicar Fracciones (multiplying fractions)

Multiplica los numeradores y los denominadores.

EJEMPLO:

$$\frac{3}{4} \times \frac{5}{7} =$$

$$\frac{3}{4} \times \frac{5}{7} = \frac{(3 \times 5)}{(4 \times 7)} = \frac{15}{28}$$

Multiplicar Números Mixtos (multiplying mixed numbers)

Primero cambia los números enteros a fracciones impropias. *Vea Números Mixtos*

EJEMPLO:

$$2\,2/3 \times 1\,4/5 =$$

$$\frac{8}{3} \times \frac{9}{5} = \frac{72}{15}$$

82

Fracciones

Fractions

Dividir Fracciones (dividing fractions)

EJEMPLO:

Usar la ecuación

$$\frac{3}{4} \div \frac{5}{7} =$$

Siempre invierte poner "patas arriba" la segunda fracción y cambia el ÷ a x, entonces multiplica. Mira nuestro problema ahora:

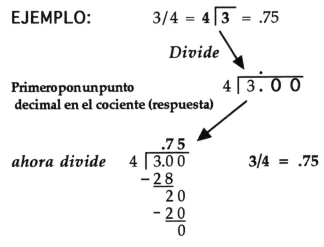

$$\frac{3}{4} \quad \overset{\text{Multiplica}}{\div} \quad \frac{5}{7} = \qquad \text{Invierte}$$

$$\frac{3}{4} \quad x \quad \frac{7}{5} = \frac{3}{4} \times \frac{7}{5} = \frac{21}{20}$$

Fracciones a Decimales (fractions to decimals)

Para encontrar el decimal equivalente de una fracción, divide el denominador por el numerador.

EJEMPLO: $3/4 = 4\overline{)3} = .75$

Divide

Primero pon un punto $4\overline{)3.00}$
decimal en el cociente (respuesta)

ahora divide $4\overline{)3.00}$ $3/4 = .75$

$$
\begin{array}{r}
.75 \\
4\overline{)3.00} \\
-\underline{28} \\
20 \\
-\underline{20} \\
0
\end{array}
$$

83

Fracciones

Fracciones Equivalentes (equivalent fractions)

Cuando 2 o más fracciones son iguales en valor sin tener en cuenta el numerador y el denominador.

EJEMPLO:

$$\frac{2}{4} = \frac{3}{6} = \frac{4}{8} \quad \textit{Todos son la mitad de un entero!}$$

Todas estas fracciónes son de igual valor, unas u otras, así que todas son fracciones equivalentes. Cada fracción tiene un número diferente de partes.

Fracciones Impropias (improper fractions)

Una fracción con el numerador más grande (o igual) que el denominador.

EJEMPLO:

$$\frac{3}{3} \quad o \quad \frac{4}{3}$$

Fracciones

Fractions

Fracciones y por cientos (fractions to percent)

1) Divide el numerador por el denominador.

EJEMPLO:

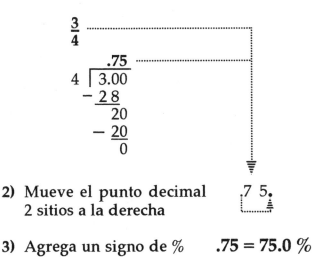

2) Mueve el punto decimal   .7 5.
   2 sitios a la derecha

3) Agrega un signo de %   .75 = 75.0 %

Reducir Fracciones (reducing fractions)

Reducir una fracción significa que reducimas que el numerador y el denominador a su mínima expresión posible mientras conservemos la equivalencia de la fracción.

EJEMPLO: **2/4** se puede reducir (hacerse pequeño) porque podemos dividir 2 (uniformemente) en el numerador y el denominador.

$$\frac{2}{4} \quad \frac{(\div 2)}{(\div 2)} \quad = \quad \frac{1}{2}$$

Así nuestra fracción cambia de 2/4 a 1/2 y ésto resulta ser el término más bajo para la fracción 2/4.

Fracciones

Fracciones Diferentes: sumar y restar (unlike fractions)

Son fracciones que no tienen el mismo denominador.

EJEMPLO: 3/4 es diferente a 5/7 debido a los denominadores diferentes. Para sumar o restar estas fracciones necesitamos hacer que los denominadores sean iguales. Esto lo logramos cuando multiplicamos cada fracción por el denominador de la otra fracción.

$$\frac{5}{7}$$

Ahora, haz lo mismo con la otra fracción.

$$\frac{3}{4}$$

$$\frac{3\ (\times 7)}{4\ (\times 7)} = \frac{21}{28}$$

$$\frac{5\ (\times 4)}{7\ (\times 4)} = \frac{20}{28}$$

$$\frac{3}{4} = \frac{21}{28}$$

$$\frac{5}{7} = \frac{20}{28}$$

Ahora ambas fracciones tienen el mismo denominador. Es ahora sólo cuestión de sumar o restar los numeradores. Entonces, si es necesario, podemos reducir a términos más bajos.

Ahora suma

$$\frac{21}{28} + \frac{20}{28} = \frac{41}{28}$$

o resta

$$\frac{21}{28} - \frac{20}{28} = \frac{1}{28}$$

Fracciones

Fractions

Fracciones mixtas a fracciones impropias

EJEMPLO: 2 3/4 = ?

1) Pon el mismo denominador en nuestra respuesta.

2 3/4 = /4

2) Multiplica el número entero y el denominador.

2 3/4 = /4   4 x 2 = 8

3) Suma el numerador (3) y 8.

3 + 8 = **11** (denominador nuevo)

4) Recuerda, nuestro denominador es todavía 4. Sólo pon nuestro numerador nuevo.

2 3/4 = 11/4

Fracciones impropias a número mixto

Para cambiar una impropias a un número mixto, divide el numerador por el denominador.

EJEMPLO: 8/3 = 3⟌8 = 2 2/3

1) Divide el numerador por el denominador.

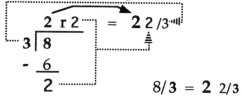

2)/3

3⟌8
 - 6
   2

8/3 = **2** 2/3

2) Nuestro denominador queda el mismo (3). Entonces nos quedan **2** enteros y nos sobran **2**.

87

Fracciones

Fractions

Restar Fracciones y Números Enteros

(subtracting fractions and whole numbers)

EJEMPLO: $2 - 3/4 = ?$

1) Pon el problema en forma de columna.

$$\begin{array}{r} 2 \\ -\ 3/4 \\ \hline \end{array}$$

2) Cambia el 1 a una fracción con el mismo denominador.

$$\begin{array}{r} \overset{1}{\cancel{2}} \\ -\ \ 3/4 \\ \hline \end{array} = 4/4$$

3) Ahora sólo pon un 4 como el denominador en la respuesta, entonces resta los numeradores.

$$\begin{array}{r} \overset{1}{\cancel{2}} \ \ = 4/4 \\ -\ \ 3/4 = 3/4 \\ \hline 1 \qquad 1/4 \end{array}$$

coloca el 4 primero

Decimales

Decimals

Decimales (decimals)

Los decimales se parecen a los "quebrados" o fracciones porque se usan para expresar partes de "uno". Mientras se mueven los números a la derecha del punto decimal, el valor relativo del lugar se disminuye.

Valor del lugar

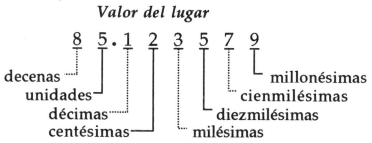

Sumar Decimales (adding decimals)

Es lo mismo que sumar neumeros enteros. El truco está en guardar cada número en el lugar que le corresponde, (en columnas rectas).

EJEMPLO:

1) Pon un punto decimal en la respuesta primero.

2) Ahora sólo suma los números.

```
  +1 +1
   1.89
 + 2.47
 ------
   4.36
    ⋮
    ⋮...  poner primero
```

Recordatorio: Acuérdate de alinear todos los puntos decimales, uno debajo del otro. Luego, pon el punto decimal en tu respuesta debajo de los del problema antes de sumar los números.

Decimales
Decimals

Restar Decimales - *sin pedir* (subtracting decimals)

El lo mismo que restar números enteros. Pon siempre el punto decimal primero, manten los puntos decimales alineados, y resta columna por columna.

EJEMPLO:

1) Pon un punto decimal en la respuesta primero.

2) Ahora sólo resta los números.

$$
\begin{array}{r}
2.47 \\
-\ 1.32 \\
\hline
1.15
\end{array}
$$

▲
⋮........ *pon primero*

Restar Decimales - *pedir prestado* (subtracting decimals)

Es lo mismo que pedir prestado cuando se restan los números enteros. Pon el punto decimal en la respuesta antes de empezar a restar.

EJEMPLO:

1) Pon un punto decimal en la respuesta primero.

2) Resta los números y pide prestado si es necesario.

$$
\begin{array}{r}
{\scriptstyle 1 \quad 14} \\
\not{2}.\not{4}3 \\
-\ 1.52 \\
\hline
.91
\end{array}
$$
El 4 pide prestado del 2. Resta una columna a la vez.

▲
⋮...... *pon primero*

Recordatorio: ¡Alinea tus puntos decimales!

90

Decimales
Decimals

Multiplicar Decimales (multiplying decimals)

Esto puede resultar muy confuso, debido a la colocación del punto decimal, acuérdate no más, que la respuesta tendrá el mismo número de lugares de decimales como tiene el problema.

EJEMPLO:

1) Alínea los dígitos en una columna.

2) Multiplica de manera normal.

3) El número de lugares decimales en el problema será la misma cantidad de lugares decimales en su respuesta.

$$
\begin{array}{r}
.7 \\
\times\ .4 \\
\hline
.2\ \underline{8}
\end{array}
$$

    Un lugar decimal
    Un lugar decimal
    Dos lugares decimales

Podemos ver que hay un valor del lugar decimal en cade número (.7 y .4) así nuestra respuesta tendrá dos lugares decimales (.28).

¡Una EQUIVOCACION COMUN!

$$
\begin{array}{r}
.7 \\
\times\ \ .4 \\
\hline
2.\underline{8}
\end{array}
$$

    Un lugar decimal
    Un lugar decimal
    Sólo un lugar decimal

¡Debe haber dos!

Decimales
Decimals

Dividir Decimales (dividing decimals)

La manera más fácil de dividir un número decimal es convertir el divisor en un número entero.

EJEMPLO: $.4 \overline{\smash{)}.52}$

1) Cambia el (divisor) de un número $4_{\circ} \overline{\smash{)}.52}$
decimal a un número entero moviendo
el punto decimal un lugar a la derecha.

2) Mueve el punto decimal el mismo $4. \overline{\smash{)}5_{\circ}2}$
de lugares a la derecha en el dividendo.

3) Pon un punto decimal en el cociente $4. \overline{\smash{)}5.2}^{\circ}$
(respuesta).

4) ¡Ahora divide!

Pon el punto decimal primero

$$.4 \overline{\smash{)}.52} \quad = \quad 4 \overline{\smash{)}5.2}^{\circ}$$

Ahora Divide
$$
\begin{array}{r}
1.3 \\
4 \overline{\smash{)}5.2} \\
- 4 \\
\hline
1\ 2 \\
-\ 1\ 2 \\
\hline
0
\end{array}
$$

Más Ejemplos:

$$.04 \overline{\smash{)}5.236} = 4 \overline{\smash{)}523.6}$$
$$.004 \overline{\smash{)}5.23} = 4 \overline{\smash{)}5230}$$

Decimales

Decimals

Decimales a Fracciones (decimals to fractions)

EJEMPLO: ¡Aviso!

$$.\underline{7} = \frac{7}{1\underline{0}} \qquad .\underline{7}\,\underline{5} = \frac{7\,5}{1\,\underline{0}\,\underline{0}} \qquad .\underline{7}\,\underline{5}\,\underline{9} = \frac{7\,5\,9}{1\,\underline{0}\,\underline{0}\,\underline{0}}$$

1) Mira el número de lugares decimales.

 dos lugares

2) Pon los dígitos (7 y 5) como un numerador en una fracción.

$$\frac{75}{?}$$

3) Pon un 100 en el denominador.

$$\frac{75}{100}$$

93

Decimales
Decimals

Decimales y por cientos (decimals to percent)
Sólo mueve el punto decimal dos lugares a la derecha.

EJEMPLO: $.75 = 75.0\%$

Si convertimos .75 a un porcentaje todo lo que necesitamos hacer es mover el punto decimal dos lugares a la derecha.

Más ejemplos:

$$.25 = 25\%$$
$$.50 = 50\%$$
$$.751 = 75.1\%$$
$$1.75 = 175\%$$

Geometría
Geometry

Angulos (angles)

Angulo recto (right angle)
Un ángulo formado por la intersección de dos líneas perpendiculares. Un ángulo recto mide 90 grados.

Angulo agudo (acute angle)
Un ángulo mide de 0 grados a menos de 90 grados.

Angulo obtuso (obtuse angle)
Un ángulo que mide más de 90 grados y menos de 180 grados.

Area (ve formas)

Línea (lines)
Colección de puntos sólidos que se extiende para siempre en ambas direcciones.

Segmento de línea (line segment)
Parte de una línea que tiene un principio y un final.

Segmento de línea

puntos terminales

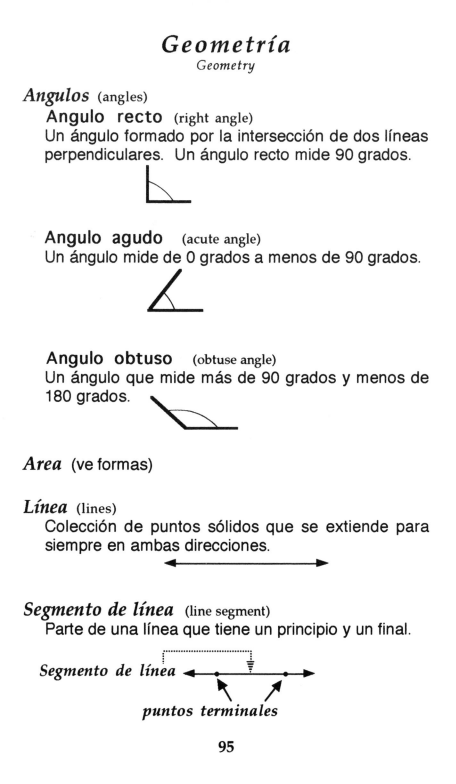

95

Geometría
Geometry

Líneas de Simetría (lines of symmetry)
Una línea que divide una figura en imágenes de espejo (precisamente por la mitad).

Perímetro (perimeter)
La distancia alrededor (área exterior) de una figura cerrada tal como un cuadrado, rectángulo, o triángulo.

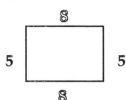

$$L = Longitud = 8$$
$$W = Ancho = 5$$

$$L + L + W + W = \text{Perímetro}$$
$$8 + 8 + 5 + 5 = 26$$

Raya (ray)
Parte de una línea que empieza en un punto (llamado orígen) y se extiende para siempre en la dirección opuesta. *punto extremo*

Geometría
Geometry

Area de la superficie (surface area) cuadrado o rectángulo
La cantidad de unidades necesarias para cubrir la superficie de una figura. Las unidades pueden ser en pulgadas, pies, yardas, etc.

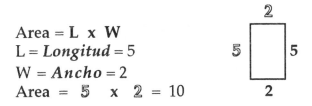

Area = **L x W**
L = *Longitud* = 5
W = *Ancho* = 2
Area = 5 x 2 = 10

Area de la superficie (surface area) (triángulo y círculo)

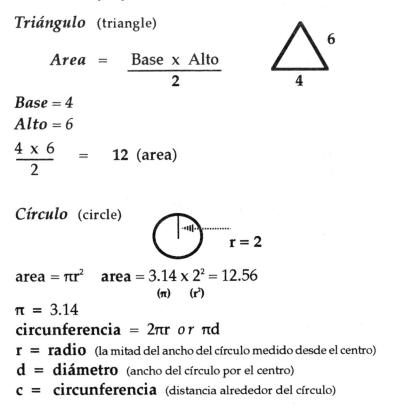

Triángulo (triangle)

$$Area = \frac{Base \times Alto}{2}$$

Base = 4
Alto = 6

$$\frac{4 \times 6}{2} = 12 \text{ (area)}$$

Círculo (circle)

r = 2

area = πr^2 area = $3.14 \times 2^2 = 12.56$
    (π)   (r^2)

π = 3.14
circunferencia = $2\pi r$ *or* πd
r = **radio** (la mitad del ancho del círculo medido desde el centro)
d = **diámetro** (ancho del círculo por el centro)
c = **circunferencia** (distancia alrededor del círculo)

Geometría
Geometry

Formas (shapes)

Cuadrado (square)
Una forma de cuatro lados donde todos los lados tienen longitud igual y cuatro ángulos de 90.

Cuadrilátero (quadrilateral)
Cualquier polígono de cuatro lados.

Círculo (circle)
Una forma que tiene el mismo radio y circunferencia en todas direcciones.

diámetro
(diameter)

radio
(radius)

Polígono (polygon)
Cualquier figura multilateral que es cerrada. Todos los cuadrados, (quadriláteros), tríangulos, y hexágonos son polígonos.

Sólidos (solids)
Objetos que tienen longitud, ancho, y profundidad (3 dimensiones).

Geometría
Geometry

Volúmen (volume)

Es el número de unidades cúbicas de un cierto tamaño que iguala el espacio ocupado por un sólido geométrico o la cantidad de agua que un recipiente sostendrá. Las unidades cúbicas pueden ser cualquier cantidad apropriada para medir el volumen en cuestión. Podemos usar galones, yardas líquidos, onzas, etc.

Midiendo Volumen (volume measuring)

Cubo (cube)
Volúmen = *Longitud x Ancho x Altura*

Pirámide (pyramid)
$$\text{Volúmen} = \frac{Base \ x \ Altura}{3}$$

Cilíndro (cylinder)
$$\text{Volumen} = \pi r^2 \ x \ altura$$

Cono (cone)
$$\text{Volúmen} = \frac{\pi r^2 \ x \ altura}{3}$$

Esfera (sphere)
$$\text{Volúmen} = \frac{4\pi r^3}{3}$$

99

Términos

Valor absoluto (absolute value)

La distancia de un número de cero. Por ejemplo ⁻7 y
⁺7 tienen de un valor absoluto de 7 |7|. Ambos ⁻7 y
⁺7 estan a 7 unidades de cero.

-7 -6 -5 -4 -3 -2 -1 **0** +1 +2 +3 +4 +5 +6 +7

Promedio (average)

La suma (total) de un grupo de números que son lo
sumado y luego divididos por el número de
(sumandos) en ese grupo. *Ejemplo:* El promedio de
los números 25, 60, y 35 se encuentra as:

1) *Suma* 25 + 60 + 35 = 120

2) *Divide*

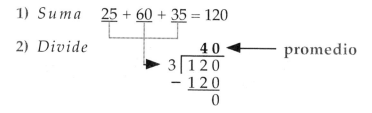

           40 ◄——— promedio
$$3\overline{)120}$$
     − 120
         0

100

Términos
Math Terms

Algebra

En términos simples es el proceso de hallar un valor de una cantidad desconcocida usando variables.

EJEMPLO:

Halla el valor de x en la ecuación.

$$3x + 2 = 8$$

1) Resta 2 de cada lado.

$$3x + 2 = 8$$
$$\underline{ -2 \quad -2}$$

ahora tenemos $3x = 6$

2) Divide cada lado por 3.

$$\frac{\cancel{3}x}{\cancel{3}} = \frac{6}{3}$$

$$x = \frac{6}{3} \quad (6/3 = 2)$$

Ahora hemos resuelto por x: **x = 2**

Número compuesto (composite numbers)

Todos los números enteros que tienen más factores que uno y sí mismo (no números primos).

EJEMPLO: 4, 6, 8, 9, 10

$1 \times 4 = 4$ **y** $2 \times 2 = 4$
$1 \times 6 = 6$ **y** $2 \times 3 = 6$
$1 \times 8 = 8$ **y** $2 \times 4 = 8$
$1 \times 9 = 9$ **y** $3 \times 3 = 9$
$1 \times 10 = 10$ **y** $2 \times 5 = 10$

Estos son números compuestos porque tienen más de dos factores.

Términos
Math Terms

Estimar (estimating)

Usamos las palabras "about, around, almost," o aproximadámente para identificar una estimación.

EJEMPLO: 628   600

exacto ⸻⫼⊪ + 296   + 300 ⫼⊩⸻ *estimación*

             924   900

Estima 628

1) Halla el valor del lugar más grande: **6**28

2) Mira el dígito a la derecha del 6: 6**2**8

3) Si este número es 5 o más grande, el 6 cambia a 7

4) Si el número es 4 o más pequeño el 6 queda un 6

5) 628 es ahora una estimación de 600

Notación Desarrollada (expanded notation)

Nombra el valor relativo de cada dígito. Por ejemplo, el número **122,685** se escribe en notación desarrollada de esta manera:

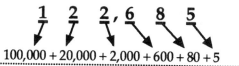

$$1\quad 2\quad 2, 6\quad 8\quad 5$$

$$100{,}000 + 20{,}000 + 2{,}000 + 600 + 80 + 5$$

Términos

Exponentes (exponents)

Muestra la cantidad de veces que el número base se multiplica por sí mismo.

EJEMPLO:

$$3 \times 3 \times 3 \times 3 = 3^4 = 81$$

número de base $\longrightarrow 3^4 \longleftarrow$ exponente

$$3 \times 3 \times 3 \times 3 = 3^4 = 3 \textit{ al cuarto poder}$$

Mayor que; Menor que (greater than; less than)

El signo **"mayor que"** se usa para identificar un número como el más grande de dos números. Por ejemplo, "25 es *mayor que* 10" se puede escribir así:

$$25 > 10$$

El **menor que** se usa para identificar un número como el más pequeño de dos números. Por ejemplo, 10 es menor que 25 se puede escribir así:

$$10 < 25$$

Recuerda, el primer número (de izquierda a derecha) es siempre nuestro punto de referencia.

Términos
Math Terms

Números Enteros (integers)
Todo los números positivos y negativos enteros incluyendo el cero.

Sumando Números Enteros
Una manera fácil de recordar cómo sumar núneros enteros es usando una línea de números. Halla los primeros números en el problema, después sigue la regla apropiada:

Cuando se suma un número entero positivo, nos movemos a la derecha en la línea de números.

EJEMPLO: $^+2 + {}^+3 = {}^+5$

Halla $^+2$ en la línea, después agrega 3 (movimiento a la derecha).

$^+2$ $\quad$ $^+3$ $\quad$ $^+4$ $\quad$ $^+5$ $\quad$ $^+6$ $\quad$ $^+7$ $\quad$ $^+8$ $\quad$ $^+9$

Términos
Math Terms

Números Enteros (integers) continuación
Cuando se suma un negativo nos movemos a la
izquierda en la línea de números.

EJEMPLO: $^{+}5 + {}^{-}3 = {}^{+}2$

Halla $^{+}5$ en la línea, después resta 3.

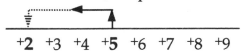

Restando Números Enteros
Cuando se resta un número entero positivo, nos
movemos a la izquierda en la línea de números.

EJEMPLO: $^{+}5 - {}^{+}3 = {}^{+}2$

Halla $^{+}5$ en la línea, después resta 3.

+2 +3 +4 +5 +6 +7 +8 +9

Cuando se resta un número entero negativo, nos
movemos a la derecha en la línea de números.

EJEMPLO: $^{+}2 - {}^{-}3 = {}^{+}5$

Halla $^{+}2$ en la línea, después suma 3.

+2 +3 +4 +5 +6 +7 +8 +9

Siempre comienza con el primer número (positivo o
negativo) en el problema, y hállalo en la línea de
números. Luego, suma o resta (muévete a la
izquierda o derecha) en la línea de números,
siguiendo las reglas de arriba.

Términos
Math Terms

Minímo Común Múltiplo (least common multiple-LCM)

Es el número menor en que puede dividirse (sin sobrante) por dos o más números. Por ejemplo, el minímo común múltiplo que puede dividirse entre 3 y 4 es 12:

Aquí están los múltiplos de 3:

3, 6, 9, **12**, 15, 18, 21..

Aquí están los múltiplos de 4:

4, 8, **12**, 16, 20, 24..

El minímo común múltiplo (LCM) de 3 y 4 es **12**.

Números mixtos (mixed numbers)

Un número que contiene tanto un número entero como una fracción.

EJEMPLO:

2 2/3

número entero ⋯⋯⋯⋯⋯⋯ fracción

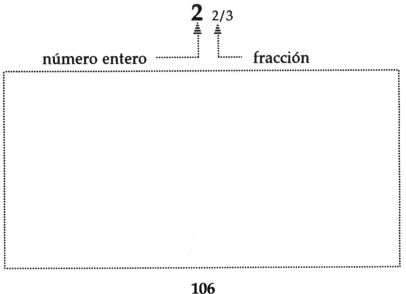

Términos

Promedio o Media (mean)

El promedio de un grupo de números. Por ejemplo, el *mean* de los números 5, 4, 9, es 5 porque:

$$5 + 4 + 9 + 2 = 20$$

$$20 \div 4 = 5 \qquad \textit{Promedio}$$

$$4 \overline{)20} \quad 5$$

Mediana (median)

El número del medio en un conjunto dado de números.

EJEMPLO: *en el conjunto*   1, 2, 3, 4, **5**, 6, 7, 8, 9

El *valor* o el número del medio en este conjunto es 5.

Moda (mode)

Número o datos que aparece más a menudo ocurren.

En los números   2, 3, **5**, 6, 9, 8 , **5**, 4

la moda es **5** porque aparece más a menudo.

Términos
Math Terms

Orden de Funcionamiento (order of operation)

Aquí hay las reglas para hacer problemas con más de una función matemática. Haz paréntesis, exponentes y raíces, multiplicación y división, sumas y restas en ese orden:

1) Haz paréntesis $(3 + 4) \times 2^2 = 28$

2) Exponentes y raíces $2^2 \times 4 = 16$

3) Multiplicación o División
(de izquierda a derecha) $4 \times 2 + 3 = 11$

4) Suma o Resta
(de izquierda a derecha) $4 + 2 - 3 = 3$

Valor de Posición (place value)

En un número cada dígito tiene un valor diferente.

En el número **1,573**:

El dígito 1	=	1,000
El dígito 5	=	500
El dígito 7	=	70
El dígito 3	=	3

Pontencias de 10 (powers of 10)

Es una manera más rápida de expresar números muy grandes con 10 como el número de la base (ve exponentes).

EJEMPLO: *exponente*

número de base ⟶ $10^4 = 10 \times 10 \times 10 \times 10 = 10,000$

Nota que el exponente (4) también nos da el número de ceros en la respuesta final.

Términos
Math Terms

Números Primos (prime numbers)

Son los números que tienen sólo dos factores (1 y él mismo). Por ejemplo, 5 es un número primo porque la única manera de hacer un producto (usando sólo números enteros en un problema de la multiplicación) de 5 es multiplicando 1 x 5 = 5. Como la definición declara, un número primo sólo tiene dos factores, 1 y él mismo. El número 4 tiene 1, 2, y 4 como factores así que no es un número primo, es un número compuesto.

Números Primos:

2, 3, 5, 7, 11, 13, 17, 19, 23, 29, 31, 37, 41, 43, 47, 53, 59, 61

Nota que todos los números primos son números impares con la excepción de 2.

Probabilidad (probability)

La probabilidad que algo ocurrirá. Se escribe:

$$\text{Probabilidad} = \frac{\text{número de resultados favorables}}{\text{número de resultados posibles}}$$

EJEMPLO: Si rodamos un dado una vez, hay una oportunidad en seis (1/6 o 1:6) que rodaremos un 5. Ésto es porque hay seis números en un dado y sólo uno es el número 5.

Términos

Proporciones (proportions)

Si decimos que de cuatro niños, a dos les gusta la pizza, quiere decir que de cada cuatro niños, a dos les gusta la pizza. Esto se puede reducir a términos más bajos y podríamos decir que de cada dos niños, a uno le gustará la pizza.

EJEMPLO:

Escrito como una fracción $\dfrac{2}{4} = \dfrac{1}{2}$

Escrito como una proporción $2:4 = 1:2$

Por cada cuatro niños a dos les gustará la pizza, por cada dos niños a uno le gustará la pizza, y así sucesivamente.

Rango (range)

Del más bajo (menos) al más alto (más) en un conjunto de números.

EJEMPLO:

En el conjunto de números: 5, 10, 25, 79, 81, 82

El rango es **77** porque contando de 5 a 82 es igua la 77. $82 - 5 = 77$ *Rango*

Términos

Números (numbers)

Cualquier número positivo o negativo. Los números pueden ser:

compuestos (4, 6, 8, 10)
primos (2, 3, 5, 7)
fracciones (2/4)
fracciones impropias (4/3)
números mixtos (3 3/4)
variables (x)
enteros ($^-$4 or $^+$4)

Razones (ratios)

Son una comparación de dos números por división. Por ejemplo, se puede escribir la proporción 1 a 5 como una proporción **1:5** o como una fracción **1/5**. Esto quiere decir uno de cada cinco.

Recíproco (reciprocal)

Dos números que se multiplican y cuyo producto es igual a 1.

EJEMPLO:

$$\frac{3}{4} \times \frac{4}{3} = \frac{12}{12} \quad o \quad 1$$

*3/4 y 4/3 **son recíprocos***

Otra manera de mirar los recíprocos es sólo invertiendo la fracciónes.

Términos

Math Terms

Redondeo (rounding)

Queremos redondear el número 1,573 a la decena más cercana del valor de posición. Sigamos las reglas para hacerlo más fácil:

Reglas

1) Identificar el dígito que queremos redonear:

   decenas   1, 5 **7** 3

2) Mirar el dígito inmediatamente a la derecha del 7. Encontramos que el dígito es 3.

   1, 5 7 **3** ········

3) Si el número es cinco o más, el 7 cambiará a 8. Si el número es cuatro o menos, el número redondeado queda el mismo (7).

4) Después de que redondeamos a la decena, cambiamos todos los dígitos más pequeños a cero (157**0**).

   1,573 *cambia a* 1,570

Términos

Math Terms

Anotación Científica (scientific notation)

Una manera más rápida para mostrar expresiones matemáticas usando exponentes.

$$6 \times 1,000 = 6,000$$

Usando anotación científica, la misma oración matemática se ve así:

$$6 \times 10^3 = 6,000$$

Nota: *Exponente Positivo* = Mover el punto decimal a la derecha 3 lugares.

Exponente Negativo

$$62,195.0 \times 10^{-4} = 6.2.1.9.5.0$$

a aquí   *de aquí*

Nota: *Exponente Negativo* = Mover el punto decimal a la izquierda 4 lugares.

Cuadrado (square)

Cuando se multiplica un número por sí mismo se dice que es un número cuadrado.

EJEMPLO:

$4 \times 4 = 16$

$4^2 = 16$

4 al cuadrado es 16

16 es el cuadrado de 4

y 4 es la raíz cuadrada de 16

Términos
Math Terms

Raíz Cuadrada (square root)

Una raíz cuadrada es un producto de un número multiplicado por sí mismo. $4 \times 4 = 4^2$

EJEMPLO:

$4 \times 4 = 4^2 = 16$ La raíz cuadrada de 16 es **4** ($\sqrt{16} = 4$)

$5 \times 5 = 5^2 = 25$ La raíz cuadrada de 25 es **5** ($\sqrt{25} = 5$)

$6 \times 6 = 6^2 = 36$ La raíz cuadrada de 36 es **6** ($\sqrt{36} = 6$)

$7 \times 7 = 7^2 = 49$ La raíz cuadrada de 49 es **7** ($\sqrt{49} = 7$)

Conversión de Temperatura (temperature converting)

	ebullición	*congelación*
Fahrenheit	32°	212°
Centígrado	0°	100°

Cómo convertir

Fahrenheit a Centígrado:

$$\frac{5(F-32)}{9}$$

Centígrado a Fahrenheit:

$$\frac{(C \times 9)}{5} + 32$$

Términos
Math Terms

Variables

Un símbolo que representa un número. Este símbolo es normalmente una letra.

$$3\underline{n} + 2 = 8$$

Máximo Común Divisor (greatest common factor-GCF)

El número más grande que puede factorizarse en dos o más números, cualesquiera que sean.

EJEMPLO:

Encuentra el GCF para los números 48 y 72.

48 tiene los factores siguientes:

1, 2, 3, 4, 6, 8, 12, 16, **24**, 48

72 tiene los factores siguientes:

1, 2, 3, 4, 6, 8, 9, 12, 18, **24**, 36, 72

¿Cuál es el número más grande común de ambos números? La respuesta es **24** (GCF).

Tabla
Tables

Medidas (measurements)

(estandard)   *(metric)*

La unidad estardard de medidas:

E.E.U.U.	El Mundo
12 inches = 1 foot	1 metro = 10 dm
3 feet = 1 yard	1 metro = 100 cm
1760 yards = 1 mile	1 metro = 1,000 mm
5280 feet = 1 mile	1 km = 1,000 m
	1 km = 10,000 dm
8 ounces = 1 cup	1 km = 100,000 cm
2 cups = 1 pint	1 km = 1,000,000 mm
2 pints = 1 quart	
4 quarts = 1 gallon	

mm = milímetro
cm = centímetro
dm = decímetro
m = metro
km = kilómetro

Tabla
Tables

Dinero (money)

Una manera excelente de introducir muchos aspectos de la matemática. ¡Sobretodo las fracciones!

EJEMPLOS:

$.01 = 1/10$ de un "dime" $= 1/100$ de un dólar
100 centavos son un dólar

$.05 = 1/2$ of a "dime" $= 1/20$ de un dólar
20 "nickels" son un dólar

$.10 = 1/10$ de un dólar
10 "dimes" son un dólar

$.25 = 1/4$ de dólar
4 cuartos (quarters) son un dólar

Notarás que el donominador indica cuánto necesitamos para tener un entero.

Tabla
Tables

Números Romanos (Roman Numerals)

Son números que se representan por letras y como adivinarías, se originaron durante el Imperio Romano.

EJEMPLOS:

$I = 1$	$V = 5$	$X = 10$	$L = 50$	$C = 100$
	$D = 500$		$M = 1000$	

Sin embargo, he aquí el aspecto difícil de este sistema de numeración. ¿Cómo escribimos los números como 4? Cuando un símbolo de menos valor se coloca ante (de izquierda a derecha) un símbolo mayor, entonces restamos el valor del símbolo menor.

EJEMPLO:

$$IV = 4$$
$$(5\text{-}1)$$

I es menor que V, así que le restamos el uno del cinco.

Otros:

(10-1)	IX	=	9
(50-1)	IL	=	49
(100-1)	IC	=	99
(1,000-100)	CM	=	900

Cuando los símbolos menores están después de los símbolos mayores, sumamos.

Tabla
Tables

EJEMPLO:

$$(5 + 1) \quad \textbf{VI} = \quad 6$$

$$(10 + 1) \quad \textbf{XI} = \quad 11$$

$$(50 + 10) \quad \textbf{LX} = \quad 60$$

$$(100 + 1) \quad \textbf{CI} = \quad 101$$

$$(1{,}000 + 100 + 10) \quad \textbf{MCX} = \quad 1{,}110$$

Tabla
Tables

Multiplicación	*División*

0's

0 x 0 = 0	0 ÷ 0 = 0
0 x 1 = 0	0 ÷ 1 = 0
0 x 2 = 0	0 ÷ 2 = 0
0 x 3 = 0	0 ÷ 3 = 0
0 x 4 = 0	0 ÷ 4 = 0
0 x 5 = 0	0 ÷ 5 = 0
0 x 6 = 0	0 ÷ 6 = 0
0 x 7 = 0	0 ÷ 7 = 0
0 x 8 = 0	0 ÷ 8 = 0
0 x 9 = 0	0 ÷ 9 = 0

1's

1 x 0 = 0	0 ÷ 1 = 0
1 x 1 = 1	1 ÷ 1 = 1
1 x 2 = 2	2 ÷ 1 = 2
1 x 3 = 3	3 ÷ 1 = 3
1 x 4 = 4	4 ÷ 1 = 4
1 x 5 = 5	5 ÷ 1 = 5
1 x 6 = 6	6 ÷ 1 = 6
1 x 7 = 7	7 ÷ 1 = 7
1 x 8 = 8	8 ÷ 1 = 8
1 x 9 = 9	9 ÷ 1 = 9

2's

2 x 0 = 0	0 ÷ 2 = 0
2 x 1 = 2	2 ÷ 2 = 1
2 x 2 = 4	4 ÷ 2 = 2
2 x 3 = 6	6 ÷ 2 = 3
2 x 4 = 8	8 ÷ 2 = 4
2 x 5 = 10	10 ÷ 2 = 5
2 x 6 = 12	12 ÷ 2 = 6
2 x 7 = 14	14 ÷ 2 = 7
2 x 8 = 16	16 ÷ 2 = 8
2 x 9 = 18	18 ÷ 2 = 9

Tabla

Tables

Multiplicación   *División*

3's
3 x 0 = 0	0 ÷ 3 = 0
3 x 1 = 3	3 ÷ 3 = 1
3 x 2 = 6	6 ÷ 3 = 2
3 x 3 = 9	9 ÷ 3 = 3
3 x 4 = 12	12 ÷ 3 = 4
3 x 5 = 15	15 ÷ 3 = 5
3 x 6 = 18	18 ÷ 3 = 6
3 x 7 = 21	21 ÷ 3 = 7
3 x 8 = 24	24 ÷ 3 = 8
3 x 9 = 27	27 ÷ 3 = 9

4's
4 x 0 = 0	0 ÷ 4 = 0
4 x 1 = 4	4 ÷ 4 = 1
4 x 2 = 8	8 ÷ 4 = 2
4 x 3 = 12	12 ÷ 4 = 3
4 x 4 = 16	16 ÷ 4 = 4
4 x 5 = 20	20 ÷ 4 = 5
4 x 6 = 24	24 ÷ 4 = 6
4 x 7 = 28	28 ÷ 4 = 7
4 x 8 = 32	32 ÷ 4 = 8
4 x 9 = 36	36 ÷ 4 = 9

5's
5 x 0 = 0	0 ÷ 5 = 0
5 x 1 = 5	5 ÷ 5 = 1
5 x 2 = 10	10 ÷ 5 = 2
5 x 3 = 15	15 ÷ 5 = 3
5 x 4 = 20	20 ÷ 5 = 4
5 x 5 = 25	25 ÷ 5 = 5
5 x 6 = 30	30 ÷ 5 = 6
5 x 7 = 35	35 ÷ 5 = 7
5 x 8 = 40	40 ÷ 5 = 8
5 x 9 = 45	45 ÷ 5 = 9

Tabla
Tables

	Multiplicación	División
6's	6 x 0 = 0	0 ÷ 6 = 0
	6 x 1 = 6	6 ÷ 6 = 1
	6 x 2 = 12	12 ÷ 6 = 2
	6 x 3 = 18	18 ÷ 6 = 3
	6 x 4 = 24	24 ÷ 6 = 4
	6 x 5 = 30	30 ÷ 6 = 5
	6 x 6 = 36	36 ÷ 6 = 6
	6 x 7 = 42	42 ÷ 6 = 7
	6 x 8 = 48	48 ÷ 6 = 8
	6 x 9 = 54	54 ÷ 6 = 9
7's	7 x 0 = 0	0 ÷ 7 = 0
	7 x 1 = 7	7 ÷ 7 = 1
	7 x 2 = 14	14 ÷ 7 = 2
	7 x 3 = 21	21 ÷ 7 = 3
	7 x 4 = 28	28 ÷ 7 = 4
	7 x 5 = 35	35 ÷ 7 = 5
	7 x 6 = 42	42 ÷ 7 = 6
	7 x 7 = 49	49 ÷ 7 = 7
	7 x 8 = 56	56 ÷ 7 = 8
	7 x 9 = 63	63 ÷ 7 = 9
8's	8 x 0 = 0	0 ÷ 8 = 0
	8 x 1 = 8	8 ÷ 8 = 1
	8 x 2 = 16	16 ÷ 8 = 2
	8 x 3 = 24	24 ÷ 8 = 3
	8 x 4 = 32	32 ÷ 8 = 4
	8 x 5 = 40	40 ÷ 8 = 5
	8 x 6 = 48	48 ÷ 8 = 6
	8 x 7 = 56	56 ÷ 8 = 7
	8 x 8 = 64	64 ÷ 8 = 8
	8 x 9 = 72	72 ÷ 8 = 9

Tabla
Tables

Multiplicación	*División*
9's	9 x 0 = 0	0 ÷ 9 = 0
	9 x 1 = 9	9 ÷ 9 = 1
	9 x 2 = 18	18 ÷ 9 = 2
	9 x 3 = 27	27 ÷ 9 = 3
	9 x 4 = 36	36 ÷ 9 = 4
	9 x 5 = 45	45 ÷ 9 = 5
	9 x 6 = 54	54 ÷ 9 = 6
	9 x 7 = 63	63 ÷ 9 = 7
	9 x 8 = 72	72 ÷ 9 = 8
	9 x 9 = 81	81 ÷ 9 = 9
10's	10 x 0 = 0	0 ÷ 10 = 0
	10 x 1 = 10	10 ÷ 10 = 1
	10 x 2 = 20	20 ÷ 10 = 2
	10 x 3 = 30	30 ÷ 10 = 3
	10 x 4 = 40	40 ÷ 10 = 4
	10 x 5 = 50	50 ÷ 10 = 5
	10 x 6 = 60	60 ÷ 10 = 6
	10 x 7 = 70	70 ÷ 10 = 7
	10 x 8 = 80	80 ÷ 10 = 8
	10 x 9 = 90	90 ÷ 10 = 9
11's	11 x 0 = 0	0 ÷ 11 = 0
	11 x 1 = 11	11 ÷ 11 = 1
	11 x 2 = 22	22 ÷ 11 = 2
	11 x 3 = 33	33 ÷ 11 = 3
	11 x 4 = 44	44 ÷ 11 = 4
	11 x 5 = 55	55 ÷ 11 = 5
	11 x 6 = 66	66 ÷ 11 = 6
	11 x 7 = 77	77 ÷ 11 = 7
	11 x 8 = 88	88 ÷ 11 = 8
	11 x 9 = 99	99 ÷ 11 = 9

Ciencia

Ciencia

ACELERACION
Es el cambio de velocidad de un objeto. Esto se mide en unidades de velocidad como pies por segundo o mph (millas por hora). Los conceptos "ir más rápido" y "ir más despacio" realmente implican aceleraciones negativas y positivas (la aceleración negativa generalmente se conoce como deceleración).

ACIDOS NUCLEICOS
Los ácidos ribonucleico (RNA) y desoxirribonucleico (DNA) son las dos sustancias químicas involucradas en la tranmisión genética de la características de padre a hijo y en la fabricación de proteínas. A principios del siglo veinte, se sabía que los cromosomas, el material genético de la células, contienen DNA.

AMINOáCIDOS
Son compuestos orgánicos que son los cimientos de las proteínas. En casi todos los metabolismos animales, varios aminoácidos juegan un papel importante. El código genético, lo que rige la combinación de aminoácidos en las proteínas del cuerpo, es regido por los ácidos nucleicos. Los aminoácidos se unen en cadenas largas, juntándose un grupo amínico de un aminoácido al grupo carbóxilo de otro. Una cadena de aminoácidos se conoce como un polypéptido. Las proteínas son grandes polypéptidos que ocurren naturalmente. Se encuentran muchos aminoácidos diferentes, de los cuales unos 20 son los componentes mayores de las proteínas. Solamente la mitad de éstos se clasifican como nutrientes esenciales, es decir, necesarios en la dieta humana.

Ciencia

ANATOMIA
La parte de la biología que incluye las plantas, los animales y otras formas de organismos vivientes. La anatomía se divide en varias subdiciplinas. La anatomía general trata los estudios de estructuras que se aprecian a simple vista. La histología es el estudio de las estructuras de los tejidos y la citología es él de las células.

ASTEROIDES
Objetos sólidos que orbitan en el cinturón de asteroides que se encuentra entre Marte y Júpiter. Existen unos 75 asteroides Amor (cuyas órbitas intersecan la de marte), 50 asteroides Apollo (cuyas órbitas intersecan la de la Tierra), and 16 asteroides Trojan que van por delante o siguen a Júpiter en su órbita en posiciones gravitacionalmente fijas que forman triángulos equilaterales con Júpiter y el Sol. Se siguen descubriendo asteroides . Un asteroide Apollo, antes desconocido, pasó entre 800,000km (550,000 mi) de la Tierra en 1989--que fue el acercamiento más próximo de un asteroide grande desde el de Hermes en 1937. Sin embargo, ha habido otros acercamientos, tales como los asteroides no detectados que "sorprenden" a la Tierra.

ÁTOMOS
La unidad de medida más pequeña que se reconoce como elemento químico. Los átomos de los diferentes elementos también pueden combinarse para formar sistemas llamados **moléculas**, las unidades más pequeñas de compuestos químicos.

Ciencia

BASES
Sustancias que suelen sentirse jabonosas al tacto y que podrían reaccionar con ácidos en agua para formar sales. También son capaces de combinarse con un protón para formar una nueva sustancia.

BIóSFERA
La región de la tierra que puede sorportar y sostener la vida. Esto incluye la atmósfera, el agua y el suelo. Sus propiedades únicas permiten la evolución contínua de los seres vivientes.

BOSQUE DE LLUVIA
Los bosques de lluvia son significantes por sus recursos madereros, y en el trópico proveen lugares para las cosechas comerciales tales como el caucho, el té, el café, el plátano, y la caña de azúcar. También incluyen algunas de las últimas áreas de la Tierra que permanecen sin ser explotadas comercialmente, y que aún son poco conocidas científicamente.

CADENA ALIMENTICIA
El camino que los nutrientes toman en cierto ecosistema.

CAPAS ATMOSFERICAS
Las diferentes capas de gases que rodean la Tierra. El 78% de la atmósfera se compone de nitrógeno mientras el oxígeno (21%) y gases menores componen el resto. Hay cuatro capas en la atmósfera comenzando con la más cerca del suelo que se llama la Troposfera, luego la Estratosfera,

Ciencia

Mesosfera, y la Termosfera. Cada una tiene un rango diferente de temperaturas. Las temperaturas bajan con la altura en la troposfera y la mesosfera, y suben con la altura en la estratosfera y la termosfera.

CARBOHIDRATOS
Incluyendo la celulosa, los almidones, los azúcares y otros compuestos, los carbohidratos son la única clase común de sustancias orgánicas que se encuentran en la naturaleza. Estos son una fuente nutricional básica para la energía requerida por los animales.

CARDIOVASCULAR
Perteniente al corazón y al sistema circulatorio. El sistema circulatorio consta de dos sistemas interrelacionados, originándose ambos en el corazón, que son la circulación sistémica y la circulación pulmonar. En la circulación sistémica, o mayor, la sangre es bombeada desde el ventrículo izquierdo del corazón hacia el **aorta.** Luego, es distribuída por una serie de arterias cada vez más pequeñas a los pequeñísimos vasos capilares por las cuales la sangre circula por los tejidos del cuerpo. De los vasos capilares en los tejidos la sangre luego se recoge en venas de diámetros cada vez mayores, para entrar finalmente en el atrio derecho del corazón.

CARNíVORO
Dícese de un animal que come la carne animal. Un carnívoro verdadero consume solamente carne animal y poco más. Un buen ejemplo sería el tiranosaurio rex o nuestro lobo moderno.

Ciencia

CéLULA
La unidad más pequeña de un organismo capaz de funcionar independientemente.

CICLO DE AGUA
El ciclo de agua empieza con la evaporación, y siguen la condensación, la precipitación y finalmente, la acumulación. El ciclo volverá a empezar con la evaporación.

CIRCUITO
Una vía cerrada capaz de conducir una corriente elécrica. Contiene una configuración de componentes diseñados para usos específicos.

CLóRIDO
Compuesto de un elemento con cloro. Ejemplos incluyen el cloruro de sodio (sal de mesa común) y el potasio de cloruro (substituto de sal).

COLESTEROL
Una sustancia compleja cerosa que se encuentra en el tejido animal, producida por el cuerpo. Es importante para las funciones de los nervios y para la producción de hormonas. El nivel de colesterol es la cantidad de colesterol en la sangre medida en miligramos por 100 mililitros(mg%).

CROMOSOMAS
Una tira de A.N.D. (DNA) asociada con las proteínas del núcleo de las células animales y vegetales que lleva los genes y que funciona en la transmisión de la información heredetaria.

Ciencia

COLUMNA VERTEBRAL O ESPINAZO

La columna vertebral, o espinazo, consiste de hueso y forma el soporte primario del esqueleto en los vertebrados. Las funciones de la columna vertebral son las de proteger la cuerda dorsal, las raíces de los nervios dorsales, y de unir el cráneo, las costillas, la pelvis, los músculos, y los ligamentos. La parte flexible del espinazo consta de 24 vertebrae individuales, 7 en el cuello (vertebrae cervicales) 12 en el tórax (vertebrae torácicas) y 5 en la espalda inferior (vertebrae lumbares). El sacro, ubicado debajo de las vertebrae lumbares y unido a la pelvis, consta de 5 vertebrae unidas rígidamente. El cóccix, uibicado debajo del sacro, consta de 3 a 5 vertebrae unidas.

COMETA

Consta mayormente de amoníaco, metano, dióxido de carbono, y agua. Todas las órbitas de cometas que se han establecido son elípticas. Los cometas de períodos cortos tienen períodos de menos que 200 años y sus órbitas son mayormente inclinadas en un ángulo pequeño al plano orbital de la Tierra.(el elíptico). El cometa con el período más corto conocido es el cometa Encke (3.3 años). Los cometas de períodos largos tienen períodos de 200 años o más. Unos 100 de cada grupo de cometas periódicos son conocidos, y se han observado 800 cometas no-periódicos.

COMPUESTOS QUíMICOS

Sustancias formadas por dos o más elementos unidos por lazos químicos. Los compuestos suelen tener propiedades únicas, que no se parecen a las de sus elementos constituyentes. Un compuesto se puede componer o descomponer por medio de una reacción química, mas no por técnicas de separación ni mecánicas ni físicas, como la cromotografía. La unidad más pequeña de un compuesto es la molécula.

CONDENSAR
Cambiar de un gas a un líquido.

CORRIENTES DE CONVECCIóN
El movimiento circular de gases o líquidos que resulta en cambios de temperatura.

DIGESTION
La conversión de la comida a compuestos químicos más simples que se pueden absorber por el cuerpo. Esto se hace en diferentes partes del cuerpo, empezando en la boca y terminando en el intestino.

DIóXIDO DE CARBONO
Tiene un átomo de carbono y dos átomos de oxígeno. Es un gas inoloro, incoloro y combustible que exhalan los animales. Las plantas lo usan como combustible, y es emitido cuando se quema como combustible.

DNA - ACIDO DESOXIRRIBONUCLEICO
(y ácido ribonucleico RNA)
Son las dos sustancias químicas que realizan la transimisión genética de las características de padre a hijo y en la fabricación de proteínas.

ECLIPSE LUNAR
Cuando la tierra está entre la luna y el sol.

Ciencia

ECLIPSE SOLAR
Cuando la luna se interpone directamente entre el sol y la tierra.

EFECTO INVERNADERO
El atrapamiento de calor por el aire que rodea la tierra. En la ciencia ambiental, el efecto invernadero es un término popular que significa el papel que toman el dióxido de carbono, el vapor de agua, y otros gases menores en el mantenimiento de la temperatura de la superficie de la tierra a niveles más cálidas que si no estuvieran presentes dichos gases.

ELECTRICIDAD
La electricidad es una forma de energía, un fenómeno que es el resultado de la existencia de una carga eléctrica. La teoría de la electricidad y su efecto inseparable, el magnetismo, es probablemente la más acertada y completa de todas las teorías científicas. El entendimiento de la electricidad ha motivado la invención de los motores, los generadores, los teléfonos, el radio y la televisión, los aparatos de rayos-X , las computadoras, y los sistemas de energía nuclear.

ELEMENTOS
Son muestras de materia que no se pueden separar en unidades más simples por medios ni químicos ni físicos. Hay actualmente 109 elementos conocidos. Estos elementos son categorizados en la tabla periódica por su peso atómico. El hidrógeno y el helio son el primero y el segundo en la tabla.

Ciencia

ESPECIES EN PELIGRO
Las especies en peligro son aquellas cuyas poblaciones se han reducido tanto que resultan amenazadas por la extinción. Miles de especies se incluyen en esta categoría. La Unión Internacional para la Conservación de la Naturaleza y los Recursos Naturales publica una lista de mamíferos, aves, reptiles, y anfibios.

ENERGÍA
La energía es la capacidad para trabajar. La energía puede medirse en términos de trabajo mecánico, pero puesto que no todas las formas de energía pueden convertirse en trabajo productivo, resulta más preciso decir que la energía de un sistema cambia en la medida exacta que recibe trabajo neto. En la física clásica, la energía, como el trabajo, se considera una cantidad de escala y las unidades de energía son las mismas que las de trabajo. Estas unidades pueden ser ergs, joules, horas-watt, o libras-pie, según el sistema de unidades que se use.

ENZIMA
Una sustancia especialmente importante para la digestión. Varias enzimas en el estómago y los intestinos reducen las proteínas, los carbohidratos, y las grasas para que puedan absorberse fácilmente.

EPICENTRO
El punto de orígen de un terremoto.

EROSION
El desgaste de la roca por fuerzas naturales. La naturaleza usa la gravedad, el hielo, las olas del mar, el viento, y el agua fluyente para cambiar la roca.

Ciencia

EXTINTO
Cuando un especie ya no existe.

FECHADO DE CARBONO
El fechado radiométrico es la determinación de la edad de materiales por medio de su contenido radioactivo.

FORMAS DE ENERGIA
La energía existe en muchas formas diferentes. La forma que poseen los cuerpos en moción se llama energía kinética. La energía puede almacenarse en forma de energía potencial, como en un resorte comprimido. Los sistemas químicos poseen energía interna, la cual puede convertirse por varios medios en trabajo productivo. Por ejemplo, un combustible como la gasolina puede quemarse en un motor para impulsar un vehículo. La energía calórica puede ser absorbida o expulsada cuando la energía interna de un sistema cambia mientras que se le hace o recibe trabajo.

FOTOSiNTESIS
La fotosíntesis es el proceso biológico por el cual la energía del sol es absorbida y usada para la formación de compuestos orgánicos de dióxido de carbono y agua. Aunque se le asocia principalmente con las plantas verdes, la fotosíntesis también occurre en las algas y en unas cuantas bacterias. Este proceso produce, por último, toda la energía necesaria para que todos los organismos vivientes puedan sobrevivir .

Ciencia

FUERZA
La cantidad de empuje o arrastre que se usa contra un objeto.

FRICCIóN
El roce de dos objetos. Mientra más resistencia tenga un objeto, más fuerza se necesita para moverlo y así se produce más fricción.

FóSIL
Una planta o animal que ha sido preservado, más o menos, y que se encuentra muchas veces en la roca sedimentaria. Preservados por enterramiento bajo infinítas capas de materiales sedimentarios, los fósiles son un récord de la historia del orígen de la vida, empezando aproximadamente hace 3.5 billiones de años. El estudio del mismo se llama la paleontología.

FRICCIóN
La fuerza universal entre superficies que resisten el movimiento de deslizarse una sobre la otra. Cuando están en contacto las superficies de dos cuerpos, la fuerza interactiva en la superficie puede tener componentes tanto perpendiculares como tangenciales a la superficie. El componente perpendicular se llama la fuerza normal, y el componente tangencial se llama la fuerza de fricción. Si hay deslizamiento relativo en la superficie, la fuerza de fricción siempre actúa en la dirección opuesta de esta moción.

Ciencia

GRAVEDAD
La fuerza que atrae a todos los objetos del universo.

GRASAS (Y áCIDOS)
Una clase diversa de compuestos animales y vegetales usados con mucha frecuencia para comidas, productos de limpieza y lubricantes.

HERBíVORO
Los herbívoros son organismos que comen principalmente material vegetal en lugar de animal. Todo mamífero tiene adaptaciones características, tales como dientes comunmente especializados para adecuarse a la dieta vegetal; su sistema digestivo es más largo y más complicado que el de los carnívoros porque la digestión del material vegetal es más dificil que la de la carne.

HIDROSFERA
La región de agua en o cerca de la superficie de la Tierra. Se distingue de la litosfera (rocas), la biosfera (seres vivientes), y la atmósfera.

INVERTEBRADOS
El grupo de los invertebrados es una de dos categorías generales de animales. Los invertebrados no tienen vertebrae (columna vertebral) . Esta categroría abarca una gama amplia de organismos, desde los simples protozoos de una sola célula, hasta los miembros del phylum Chordata, que carecen de columna vertebral.

Ciencia

LA TERCERA LEY DE MOCION DE NEWTON
Dice que para cada acción hay una reacción igual y opuesta.
La ley se aplica tanto cuando se empuja a un niño en un
columpio como cuando un hélice de avión empuja y jala
aire.

LITOSFERA
La sólida cáscara exterior de la Tierra. La litosfera es la
parte sólida de la Tierra, a diferencia de la atmósfera y la
hidrosfera. En un sentido menos amplio, es la corteza, o la
corteza exterior, rígida, de la Tierra, a diferencia del manto
y del núcleo. Estos últimos juntos forman la barisfera o
centrosfera.

LUBRICACIóN
Una sustancia que reduce la cantidad de fricción entre
objetos.

LUNA
El único satélite natural de la Tierra. Con un diámtero de
2,160 millas, es aproximadamente la cuarta parte del tamaño
de la Tierra.

MAQUINAS SIMPLES
Las máquinas simples aumentan nuestra capacidad y nuestra
velocidad de trabajo. Las máquinas aumentan la cantidad
necesaria de fuerza y cambian la dirección de la fuerza. Hay
varios tipos de máquinas simples, tales como la palanca
(como el matrillo que arranca un clavo), una rueda y eje
(como la rueda de tu bicicleta), un plano inclinado (cuando
se empuja una carretilla hacia arriba por una rampa), y la
cuña.

Ciencia

MAGNETISMO
La fuerza que puede repeler o atraer objetos. Tales objetos se llaman imanes. La mayoría de los imanes son hechos de metales, aunque existen otros imanes hechos de otros materiales. La Tierra es un imán grande con un campo magnético alrededor. El magnetismo es causado por cargas eléctricas en movimiento dentro de un material magnético. Cuando una carga eléctrica se mueve, produce magnetismo, y cuando un imán se mueve, se produce una carga eléctrica. Estas fuerzas crean el *campo magnético*.

MESOSFERA
La estratopausa cálida, aproximadamente 0 grados C (32 grados F) en temperatura y que existe a más o menos 50 km (30 mi) sobre el nivel del mar, y la mesopausa fría , de unos -90 grados C (-130 F) y 80 km (50 mi) sobre el nivel del mar, forman los límites superiores e inferiores de la mesosfera. La caída de temperatura que ocurre con un aumento de altura se debe a las mismas causas físicas que la caída de temperatura dentro de la troposfera: la absorpción de radiación solar en la base y el enfriamiento adiabático de parcelas de aire que suben.

METABOLISMO
La suma de todas las reacciones químicas en la célula viviente que se usan para la producción de trabajo productivo y el síntesis de constituyentes de la célula. Casi todas las reacciones celulares son catalizadas por moléculas complejas de proteína llamadas enzimas, que son capaces de acelerar el tiempo de reacción por un factor de cientos a millones.

Ciencia

METEOROS
También conocidos como estrellas fugaces, un meteoro es el destello de luz producido por la evaporación de partículas interplanetarias al entrar en la atmósfera de la Tierra.

MONóXIDO DE CARBONO
Un gas inoloro, incoloro y altamente venenoso formado por la combustión incompleta del carbón o de un material carbónico como la gasolina.

OMNiVORO
Come tanto carne como vegetación.

NUBES
Las nubes cúmulonimbos son nubes cúmulos altas y oscuras . También se conocen como nubes de lluvia. Las nubes cúmulos son nubes blancas y esponjosas que se parecen al algodón. Cuando las nubes se forman en la superficie de la tierra se llaman neblina. Las nubes que se forman en la troposfera media se llaman altostratos y altocúmulos, y las que se hallan en la troposfera alta se llaman cirrocúmulos, cirrostratos o cirros. Para las con bases en la troposfera baja, los términos estratos y cúmulos se emplean. Cuando cae precipitación de estas nubes, se emplean los términos nimbostratos y cúmulonimbos. Los nimboestratos son las nubes grises y densas que producen los grandes ciclones invernales en los cuales la precipitación es pareja y prolongada. Las nubes cúmulonmibos, por otro lado, se asocian con las tempestades típicas del verano, en las que la lluvia es generalmente breve pero fuerte.

Ciencia

PERíODO CARBONíFERO

Un periódo geológico notable por su vegetación abundante hace unos 290 a 350 millones de años. En esa época, el ecuador pasaba por Norte América y Europa.

PRESIóN ALTA

Una área donde el aire fresco baja y empuja hacia el suelo con cada vez más presión. Una región, área, o célula de alta presión es una parte del atmósfera en la cual una columna de aire contiene más moléculas de gas que otra columna comparable en otro sitio y por lo tanto ejerce más presión sobre la superficie de la tierra. Puesto que el aire en las partes centrales se hunde, tal región goza de un tiempo claro y agradable. Las regiones de alta presión son de unos cien hasta unos mil kilómetros en diámetro. Las más grandes y persistentes son los anticiclones sobre los océanos cerca de 30 grados N (presión alta de las Azores o Bermuda, o Hawaii) y 30 grados S (en los océanos Atlántico del sur, Indio y Pacífico.) Estas forman al bajarse las células Hadley, de las cuales soplan los vientos alisios hacia el equador.

PRESIóN BAJA

Una área en la cual el aire tibia se levanta, creando menos presión, o presión baja, en esa área. Una parte de la atmósfera con menos moléculas que otras partes vecinas se llama una región o célula o área de baja presión, o simplemente, una baja. En tal región, una columna de aire ejerce menos presión sobre la superficie de la Tierra que otras columnas vecinas. Puesto que el aire generalmente

Ciencia

sube en tales sistemas, son nublados, generalmente lluviosos y frecuentemente traen tormentas. Las células de presión baja pueden medir menos que 1 km (0.6 mi) de ancho en un tornado, más o menos 100 km (60 mi) de ancho en un huracán, o más de 1,000 km (600 mi) de ancho en un ciclón maduro y a mediana latitud.

PRODUCTOS ANIMALES
Los productos que se hacen directa e indirectamente de los animales. Un ejemplo de un producto directo sería la carne que comemos y un ejemplo de un producto indirecto sería los productos que se hacen con la ayuda de productos animales tales como el guante de beisbol que se hace de cuero de vaca.

PRONoSTICO DEL TIEMPO
El pronóstico del tiempo (la meteorología) es una parte importante del mundo de hoy. A causa del poder destructivo de muchos fenómenos naturales, el predecir el tiempo ha salvado muchas vidas. La labor de predecir el tiempo en un tiempo futuro se llama pronosticar el tiempo. Como uno de los objetivos primarios de la meteorología, el pronóstico del tiempo ha dependido en forma crítica de los avances científicos y tecnológicos de la meteorología que se han realizado desde la última mitad del siglo veinte.

PROTEíNAS
Las proteínas son moléculas esenciales para mantener la estructura y la función de todos los organismos vivientes. Las proteínas tienen muchas propiedades diferentes y funcionan de varias maneras. Por ejemplo, las enzimas, la hemoglobina, y el colágeno de los huesos, tendones y piel, más ciertas hormonas, son todos proteínas.

Ciencia

RADAR DOPPLER

Radar que muestra la distancia y la dirección del movimiento de un objeto. Suele usarse para mostrar el movimiento de formaciones de nubes y actualmente se usa por los meterólogos para mostrar patrones del tiempo.

RESISTENCIA

Algo que para o impide el movimiento de un objeto. Para que un objeto se mueva, la fuerza tiene que ser más que la resistencia. Intenta frotar una bolita de algodón por un pedazo de papel lija y luego por el tablero de la mesa de la cocina. ¡Verás que hay una gran diferencia en resistencia!

RNA (Véase Acidos Nucleicos)

ROCA

La roca es la sustancia sólida que forma la corteza de la Tierra. Las rocas son clasificadas como ígneas, sedimentarias, o metamórficas, según fueran formadas. Las rocas que se solidificaron de material derritido o semi-derritido se llaman **ígneas**. Las rocas **sedimentarias** se forman por la acumulación de sedimento, partículas minerales que se han asentado de un estado de suspensión en el aire o en el agua o que han sido precipitadas de un estado de solucion. Las rocas **metamórficas** son las que han sufrido una transformación marcada, a consecuencia de calor, presión o una alteración química. El material derritida (magma) del cual todas las rocas **ígneas** se forman, puede salir en forma de lava de los volcanes. Tales rocas se conocen como rocas eruptivas. Las rocas intrusivas ígneas son las que se forman de la consolidación de la magma bajo tierra. Las rocas sedimentarias se conocen como clásticas si constan de partículas de roca madura (grava), químicas si se precipitaron de una solución, u orgánicas si se formaron de los restos o secreciones de plantas o animales (carbon). Las partículas de lava lanzadas al aire durante un erupción pueden caer al suelo y formar depósitos de ceniza volcánica. Tales rocas se llaman piroclásticas.

SISTEMA ENDOCRINO
Este sistema consta de glándulas especializadas situadas en diferentes partes del cuerpo que regulan las actividades del cuerpo según las exigencias cambiantes del ambiente externo e interno.

SISTEMA EXCRETORIO
Estructuras especiales por las que las sobras del metabolismo se expelen del cuerpo y en las que se mantiene el balance propio de agua y sales en la sangre, y otros fluidos del cuerpo se mantienen en los mismos niveles.

SISTEMA RESPIRATORIO
Un organismo aeróbico debe abstraer oxígeno del aire ambiental o del agua para mantener sus funciones vitales. Esto involucra la boca, la nariz, la tráquea y los pulmones. El proceso de obtener oxígeno y de librar los desechos celulares, el dióxido de carbono, hacia el ambiente se llama la respiración.

Ciencia

SISTEMA SOLAR

El sistema solar es el grupo de cuerpos celestiales, incluyendo a la Tierra, que orbitan alrededor del sol, y que son vinculados gravitacionalmente a esa estrella que es una de las por lo menos cien billones en nuestra galaxia.
Nuestro sistema solar consta de nueve planetas y una estrella. Mercurio es el más cercano, seguido por Venus, la Tierra, Marte, Júpiter, Saturno, Urano, Neptuno y Pluto. Los acompañates del sol incluyen nueve planetas, por lo menos 54 satélites, más de 1,000 cometas observados, y miles de cuerpos menores conocidos como asteroides, y meteoroides.

Mercurio
3,031 millas de diametro
36,000,000 millas del sol
88 dias para orbitar el sol

Venus
7,500 millas de diametro
67,000,000 millas del sol
225 dias para orbitar el sol

La Tierra
7,926 millas de diametro
93,000,000 millas del sol
365 dias para orbitar el sol

Marte
4,215 millas de diametro
141,500,000 millas del sol
687 dias para orbitar el sol

Ciencia

Jupiter
88,700 millas de diametro
483,000,000 millas del sol
12 anos para orbitar el sol

Saturno
75,000 millas de diametro
887,000,000 millas del sol
29.46 anos para orbitar el sol

Uranos
35,500 millas de diametro
1,780,000,000 millas del sol
84 anos para orbitar el sol

Neptuno
30,700 millas de diametro
2,790,000,000 millas del sol
164.79 anos para orbitar el sol

Pluto
1,660 millas de diametro
3,500,000,000 millas del sol
247.7 anos para orbitar el sol

SoLIDOS-GASES-LiQUIDOS

Gases- Las moléculas de gas son muy separadas. Estas moléculas carecen de forma y tamaño porque mientras haya espacio, rebotan radicalmente.

Ciencia

Líquidos- Las moléculas de los líquidos ruedan
libremente y se deslizan una sobre otra. Aunque hay
libertad de movimiento, estas moléculas no rebotan con
tanta facilidad como las de los gases.
      Sólidos- Estas moléculas no se mueven libremente.
Sí se estremecen y vibran en un grado menor. Hay una
atracción fuerte que las mantiene juntas. Si se calientan
estas moléculas, empezarán a vibrar más rápido y se
alejarán.

ESTRATOSFE

La estratosfe es la segunda de las cuatro capas atmosféricas.
Su límite inferior se llama la tropopausa; su límite superior
se llama la stratopausa. Las temperaturas en la stratosfera
se mantienen o pueden subir con un incremento de altura, lo
que indica estabilidad vertical.

TEJIDO

Los tejidos son agrupamientos estructurados de células
especializadas para realizar una función común y necesaria
para que sobreviva el animal unicelular. Los diferentes
tejidos se necesitan para que las muchas habilidades del
organismo unicelular puedan asignarse a células
diferenciadas para ese fin. El proceso de formar tejidos
(histogénesis) tiene su orígen en el proceso previo de
diferenciación celular. El ovum fertilizado, una sola célula,
se divide para formar la blástula, en la que los tejidos aún no
son definidos. Mientras sigue el crecimiento, las células de
la blástula comienzan a formar las tres capas germinales, el
ectodermo, el mesodermo, y el endodermo por medio del
proceso de la gastrulación.

Ciencia

TERMOSFERA

La termosfera es la más alta y grande de las cuatro capas atmosféricas. La parte superior de la termosfera es cálida, porque absorbe fácilmente la radiación solar ultravioleta. La termosfera es la única capa atmosférica heterogénica.

TORNADO

Un tornado es una tormenta violenta con vientos de hasta 300 millas por hora. Aparece como una nube que gira en forma de embudo, de color gris o negra, que se extiende hacea la tierra desde la base de una nube de lluvia. Un tornado gira como un trompo y puede producir un sonido parecido al de un tren o avión. Estas tormentas breves son las más violentas y destructivas de todos los fenómenos atmosféricos, y cubren una área reducida. Frecuentemente acompañan el avance de huracanes.

TROPOSFERA

La troposfera es la capa más baja de la atmósfera de la Tierra. Aquí es donde ocurren las fluctuaciones importantes de calor y vapor de agua (generalmente hacia arriba durante el día y hacia abajo durante la noche). Practicamente todo el tiempo, o variación corta en la atmósfera, ocurre en la troposfera. Contiene el 99% del vapor de agua de la atmósfera y 90% del aire. La temperatura del aire baja con un incremento de altura, a menos que ocurran inversiones.

Ciencia

VOLCAN

Un volcán es una salida en la Tierra de la cual la roca
derritida (magma) y gas eruptan. La roca derritida que
erupta del volcán, (lava) forma una colina o montaña
alrededor de la salida. La lava puede salirse como un
líquido viscoso, o puede explotar de la salida en forma
sólida o en partículas líquidas.

VUELO

La capacidad de moverse con dirección por el aire. Es una
habilidad que muchos animales tienen en común. Los
humanos pueden volar solamente en máquinas diseñadas
por ellos mismos. Los murciélagos, casi todos los pájaros,
y muchos insectos practican el vuelo verdadero: es decir,
los movimientos de sus alas producen el brío necesario para
despegar, volar, y aterrizar. Cierta cantidad de otros
animales pueden deslizarse por distancias cortas por el aire.
Lo hacen por medio de tejidos estirables que tienen sus
cuerpos, en el caso de varios mamíferos pequeños y
algunas lagartijas y serpientes, o por medio de aletas
agrandadas, como en el caso del pez volador.

Ciencias Sociales

Presidente

Presidents

George Washington *1789-1797* (Federalist)
VP John Adams

John Adams *1797-1801* (Federalist)
VP Thomas Jefferson

Thomas Jefferson *1801-1809* (Democratic-Republican)
VP Aaron Burr (1801-1805) George Clinton (1805-1809)

James Madison *1809-1817* (Democratic-Republican)
VP George Clinton (1809-1812) Elbridge Gerry (1813-1817)

James Monroe *1817-1825* (Democratic-Republican)
VP Daniel Tompkins

John Q. Adams *1825-1829* (National Republican)
VP John Calhoun

Andrew Jackson *1829-1837* (Democrat)
VP's
John Calhoun (1829-1832) Martin Van Buren (1833-1837)

Martin Van Buren *1837-1841* (Democrat)
VP Richard Johnson

Presidente

Presidents

William Harrison *1841* (Whig)
VP John Tyler

John Tyler *1841-1845* (Whig)
VP None

James K. Polk *1845-1849* (Democrat)
VP George Dallas

Zachary Taylor *1849-1850* (Whig)
VP Millard Fillmore

Millard Fillmore *1850-1853* (Whig)
VP None

Franklin Pierce *1853-1857* (Democrat)
VP William King

James Buchanan *1857-1861* (Democrat)
VP John Breckinridge

Abraham Lincoln *1861-1865* (Republican)
VP's Hannibal Hamlin (1861-1865), Andrew Johnson (1865)

Presidente

Presidents

Andrew Johnson *1865-1869* (Democrat)
   VP None

Ulysses S. Grant *1869-1877* (Republican)
   VP Schuyler Colfax (1869-1873) Henry Wilson (1873-1877)

Rutherford B. Hayes *1877-1881* (Republican)
   VP William A. Wheeler

James A. Garfield *1881* died (Republican)
   VP Chester A. Arthur

Chester A. Arthur *1881-1885* (Republican)
   VP None

Grover Cleveland *1885-1889/1893-1897* (Democrat)
   VP's
   Thomas Hendricks (1885) Adlai Stevenson (1893-1897)

Benjamin Harrison *1889-1893* (Republican)
   VP Levi Morton

William McKinley *1897-1901* (Republican)
   VP's
   Garrett Hobart (1897-1899) Theodore Roosevelt (1901)

Presidente

Presidents

Theodore Roosevelt *1901-1909* (Republican)
  VP Charles Fairbanks (1905-1909)

William H. Taft *1909-1913* (Republican)
  VP James Sherman

Woodrow Wilson *1913-1921* (Democrat)
  VP Thomas Marshall

Warren G. Harding *1921-1923* (Republican)
  VP Calvin Coolidge

Calvin Coolidge *1923-1929* (Republican)
  VP Charles Dawes

Herbert Hoover *1929-1933* (Republican)
  VP Charles Curtis

Franklin D. Roosevelt *1933-1945* (Democrat)
  VP John Garner (1933-1941) Henry Wallace (1941-1945) Harry
  Truman (1945)

Harry S. Truman *1945-1953* (Democrat)
  VP Alben Barkey

Presidente

Presidents

Dwight D. Eisenhower *1953-1961* (Republican)
VP Richard Nixon

John F. Kennedy *1961-1963* (Democrat)
VP LyndonJohnson

Lyndon B. Johnson *1963-1969* (Democrat)
VP Hubert Humphrey

Richard M. Nixon *1969-1974* (Republican)
VP's Spiro Agnew (1969-1973) Gerald Ford (1973-1974)

Gerald R. Ford *1974-1977* (Republican)
VP Nelson Rockefeller

Jimmy E. Carter *1977-1981* (Democrat)
VP Walter Mondale

Ronald W. Reagan *1981-1989* (Republican)
VP George H. W. Bush

George H. W. Bush *1989-1993* (Republican)
VP Dan Quayle

William Clinton *1993-2001* (Democrat)
VP Al Gore

George W. Bush *2001-* (Republican)
VP Dick Cheney

Enmiendas

Amendments

Primera Enmienda Le da a todos los americanos el derecho de libre expresión y de rendir culto. Esta enmienda también le da a los americanos libertad de prensa y el derecho de reunirse (congregarse) pacíficamente.

Segunda Enmienda Los americanos tienen el derecho de portar armas.

Tercera Enmienda Durante el tiempo de paz, los soldados no podrán alojarse en casa particular sin el permiso del dueño.

Cuarta Enmienda El gobierno no puede arrestar, registrar, o quitar propiedades personales sin una orden legal. Esta orden debe especificar todas sus intenciones.

Quinta Enmienda Si se sospecha de una persona en un crimen debe ser acusada ante un jurado de acusación. También declara que esa persona no se puede juzgar por el mismo crimen o ser forzada a dar pruebas en contra sí mismo.

Sexta Enmienda El derecho de tener un proceso imparcial sin demora y de ser representado por un abogado.

Enmiendas
Amendments

Séptima Enmienda Si una persona demanda a otra persona por más de $20, esa persona (el demandado) tiene el derecho a un juicio por jurado.

Octava Enmienda Una persona acusada de un crimen debe de estar protegida de fianzas y multas irrazonables o castigos crueles.

Novena Enmienda Los derechos están protegidos contra artículos no mencionados en la constitución.

Décima Enmienda El poder que no se le ha dado al gobierno federal por la Constitución pertenece a los estados y al pueblo.

11a Enmienda (1795) Si un ciudadano quiere demandar a otra persona en el tribunal federal ambos deben ser del mismo estado.

12a Enmienda (1804) Provee un colegio electoral colegial para votar para un presidente y vice presidente. Si ningún candidato recibe la mayoría de los votos entonces la Cámara de Representantes elegirá el presidente.

Enmiendas

Amendments

13a Enmienda (1865) Prohibe la esclavitud en los Estados Unidos.

14a Enmienda (1868) Los ex-esclavos son ciudadanos y bajo la ley que garantiza a todos los ciudadanos protección equitativa.

15a Enmienda (1870) El derecho de votar no se puede negar por motivo de raza.

16a Enmienda (1913) Le da al congreso el poder de recaudar impuestos por ingresos.

17a Enmienda (1913) Los senadores de los Estados Unidos serán elegidos por el pueblo no por los legisladores del estado.

18a Enmienda (1920) Es ilegal fabricar, vender o transportar alcohol.

19a Enmienda (1920) Le da a las mujeres americanas el derecho a votar.

20a Enmienda (1933) Cambia la fecha cuando un americano elegido toma su puesto (congreso y persidente).

Enmiendas

Amendments

21a Enmienda (1933) Esta enmienda revoca la 18a enmienda.

22a Enmienda (1951) Un presidente sólo puede ser elegido por dos períodos.

23a Enmienda (1961) Les da a los americanos residentes del Distrito de Columbia el derecho de votar para presidente y vice presidente.

24a Enmienda (1964) No se puede forzar a los americanos a pagar un impuesto hasta que voten por él.

25a Enmienda (1967) Declara que el vice presidente tomará el mando cuando el presidente ya no pueda continuar en su puesto.

26a Enmienda (1971) Les da a los ciudadanos mayores de 18 años el derecho a votar.

27a Enmienda (1991) Ninguna ley que varie la compensación por los servicios de los senadores y representantes tomará efecto hasta que una elección de representantes habrá intervenido.

Exploradores

Explorers

Alejandro Magno   (356-323 a. de J. C.)   Rey de Macedonia quien guió una expedicion hacia el este llegando al Río Indo. Extendió el conocimiento del mundo occidental sobre otras civilizaciones.

Amundsen, Roald (1872-1928)   Un explorador noruego que fue el primer hombre en navegar el Paso al Noroeste. También fue el primer hombre en alcanzar el Polo Sur tanto como el Polo Norte.

Armstrong, Neil   (1930-) Con su compañero americano Edwin Aldrin, aterrizaron en la superficie de la luna el 20 de julio de 1969.

Ashley, William (1778-1838)   Revolucionó el comercio de pieles ingeniando un sistema de reunión en el cual los agentes de las compañías se encontraban con los cazadores independientes durante el verano para intercambiar mercancía.

Baca, George (1796-1878)   Un oficial naval inglés que participó en cuatro expediciones del ártico canadiense. Fue el primer europeo que vio y viajó en lo que hoy se llama el Río Baca.

Baffin, Willian (1584-1622)   Un inglés que intentó dos veces encontrar el Paso al Noroeste hacia Asia.

Exploradores

Explorers

Balboa, Vasco de Nuñez (1475-1519) Conquistador español que cruzó el istmo de Panamá y el primer europeo que vio el océano Pacífico.

Baranov, Alexander (1746-1819) Comerciante ruso que fue responsable de las exploraciones en la costa de alaska.

Bering, Vitus (1681-1741) Navegador danés que navegaba para el czar ruso y uno de los primeros que navegó a norteamérica.

Boone, Daniel (1734-1820) Norteamericano que fue uno de los primeros en explorar Kentucky y fundar la primera colonización al oeste del los Montes Apalaches.

Bougainville, Louis Antoine (1729-1811) Oficial francés que llevó la primera circumnavegación francesa alrededor del mundo.

Byrd, Richard (1888-1957) Piloto naval norteamericano que fue el primero en volar sobre el Polo Norte y el Polo Sur.

Byron, John (1723-1786) Capitán de la naval inglesa que reclamó las Islas Malvinas para Inglaterra y después completó el viaje alrededor del mundo.

Exploradores

Explorers

Cabeza de Vaca, Alvar (1490-1556)   Un explorador español que pasó muchos años en Texas después de un naufragio.

Cabot, John (1451-1498)   Navegador italiano navegando al servicio de Inglaterra.   Se cree que él fue uno de los primeros en alcanzar el continente de norteamérica después de los Vikingos.

Cabot, Sebastian (1484-1557)   Explorador portugués que fue el primero en explorar la costa de California al servicio de España.

Cano, Juan Rodríguez (1468-1522)   Tomó el poder después de la muerte de Magallanes.   En el último barco sobreviviente, la Victoria, regresó a España por vía del Cabo de Buena Esperanza.   La primera expedición alrededor del mundo.

Carteret, Philip (1734-1796)   Oficial naval inglés que comandó un viaje alrededor del mundo.   Primer europeo en ver las islas del Pacífico.

Cartier, Jacques (1491-1557)   Francés que descubrió el Río St. Lawrence y el golfo de St. Lawrence.

Exploradores

Explorers

Champlain, Samuel (1570-1635) Francés que exploró gran parte del este de norteamérica y ayudó a fundar las colonias franceses en Acadia y Quebec.

Clark, William (1770-1838) Norteamericano que fue acompañado por Meriwether Lewis en su primera expedición del Río Mississippi al océano Pacífico.

Colter, William (1770-1838) Cazador norteamericano de pieles que fue el primer habitante del oeste que vio los parques de Yellow Stone y Grand Teton.

Colón, Cristóbal (1451-1506) Marinero italiano que hizo varios viajes al caribe y a suramérica. Se le debe el descubrimiento de las Américas y arribó en las Indias del Occidente el 12 de octubre de 1492, al servicio de España.

Cook, James (1728-1779) Marinero inglés que exploró el océano Pacífico, Antártico y el Ártico.

Coronado, Francisco Vásquez (1510-1554) Explorador español que guió la primera expedición europea al suroeste de los Estados Unidos.

Exploradores

Explorers

Corte-Real, Gaspar (1455-1501) Junto con su hermano, Miguel, exploró la zona del Atlántico del Norte y Terranova.

Cortés, Hernán (1485-1547) Conquistador español que conquistó México y patrocinó varias expediciones a las Américas.

Cousteau, Jacques (1910-) Sin duda el más famoso de los exploradores del mundo submarino. En algún tiempo era oficial naval francés, y entre otras cosas, inventó el aparato de respiración que usan los buzos y disenó los primeros hábitats del mundo submarino.

De Gama, Vasco (1460-1524) Noble portugués que guió a las primeras expediciones europeas alrededor de Africa e India.

Davis, John (1550-1605) Inglés que descubrió las Islas Malvinas.

Soto, Hernado de (1500-1542) Español que guió la primera expedición europea al suroeste de los Estados Unidos.

Exploradores

Explorers

Drake, Francis (1543-1596) Marinero Inglés que fue el segundo en navegar alrededor del mundo. También dirigió a los ingleses en la derrota contra la Armada Española.

Dumont d'Urille, Jules Sebastian (1790-1842)
Oficial navel francés que condujo varias expediciones importantes científicas al océano Pacífico y fue el primer francés que exploró Antártica.

Earhart, Amelia (1898-1937) La primera mujer piloto norteamericana. Rompió varios récords, uno de ellos, por ser la primera mujer que voló a través del Atlántico. Desapareció en el Pacífico intentando volar alrededor del mundo (1937).

Eric the Red (950-1004) Antiguo escandinavo que descubrió Groenlandia (981) y fue el primero en establecerse en el Nuevo Mundo.

Ericsson, Leif (975-1020) Hijo de Eric the Red, navegó de Groenlandia a la costa de norteamérica.

Fraser, Simon (1776-1862) Americano de origen canadiense que descubrió el Río Fraser y abrió el comercio entre colombia Británica y Europa.

Exploradores

Explorers

Gremont, John Charles (1813-1890)   Investigador americano conocido como "descubridor" porque abrió áreas grandes del oeste americano a la colonización.

Gagarin, Yuri (1934-1968)   Cosmonauta soviético que fue el primer hombre en el espacio.   Completó una órbita el 12 de abril de 1961.

Gilbert, Humphrey (1539-1583)   Noble inglés que fundó la primera colonia inglesa en norteamérica.

Glenn, John (1921-)   Primer norteamericano que orbitó la Tierra el 20 de febrero de 1962.

Gray, Robert (1791-1792) Norteaméricano que descubrió el Río Colombia y Grays Harbor.

Groseilliers, Medard Chouart (1618-1696) Francés que fundó Hudson's Bay Company y abrió uno de los comercios centrales de pieles en Norteamérica.

Hearne, Samuel (1745-1792) Empleado inglés del Hudson's Bay Company y el primer europeo que cruzó el interior de los Territorios Noroeste de Canadá.   Descubrió el Río Coppermine y alcanzó el Océano Ártico.

Exploradores

Explorers

Hillary, Edmund (1919 - ?) De Nueva Zelandia, fue la primera persona que escaló Mt. Everest 29 de mayo). También guió una expedición al Polo Sur.

Hudson, Henry (? -1611) Navegador inglés que guió dos expediciones a Norteamérica en busca del Paso del Noroeste. También exploró el Río Hudson.

Hunt, Wilson (1782-1842) Norteamericano, que junto con el canadiense Robert Stuart, fueron pioneros de la ruta a través del noroeste de los Estados Unidos que luego se dio a conocer como Oregon Trail.

Jolliet, Louis (1645-1700) Francés que fue el primero on viajar en el Río Mississippi.

La Salle, René Cavelier de (1643-1687) Aventurero francés que fue el primero en navegar el Río Mississippi hasta donde desemboca.

Lewis, Meriwether (1774-1809) Norteamericano acompañado por William Clark en la primera expedición del Río Mississippi al Océano Pacífico.

Lindbergh, Charles (1902-1974) Primer norteaméricano que voló a través del Océano Atlántico.

Exploradores

Explorers

Livingston, David (1813-1873) Escocés que cruzó Africa del Sur descubriendo el Lago Ngami, el Río Zambezi, Victoria Falls, y los Lagos de Chilwa y Nyasa.

Magallanes, Fernando de (1480-1521) Explorador portugués que estaba bajo el servicio de España para explorar el mundo. A pesar de que lo mataron en las Filipinas, una parte de su expedición marcó la primera circunvalación del mundo.

Markham, Beryl (1902-1986) Nació en Inglaterra, fue la primera mujer que voló de Londres a Norteamérica.

McClure, Robert (1807-1873) Oficial naval inglés que fue mandado a buscar a Sir John Franklin y descubrió el Paso del Noroeste hacia el norte del continente de América.

Nicollet, Jean (1598-1642) Francés que fue el primer europeo en viajar a través de los Grandes Lagos a los estados de Wisconsin e Illinois.

Peary, Robert (1856-1920) Oficial naval norteamericano y la primera persona en alcanzar el Polo Norte.

Exploradores
Explorers

Pfeiffer, Ida (1797-1858) Australiana, fue la primera mujer que viajó alrededor del mundo sola. Lo hizo dos veces.

Pinzón, Vicente (1463-1514) Español y comandante durante el primer viaje de Colón quien hizo varios viajes a América por su parte. Descubrió el Río Amazona y Brasil.

Pizarro, Francisco (1475-1541) Explorador español, guió la primera expedición europea a Perú y conquistó el Imperio Inca.

Polo, Marco (1254-1324) Italiano que pasó 24 años viajando a través de Asia y la corte de Kublai Khan.

Ponce de León, Juan (1474-1521) Soldado español y explorador que fue el primer europeo en visitar la Florida y buscó la Fuente de Juventud.

Post, Wiley (1899-1935) Norteamericano que fijó un récord de velocidad volando alrededor del mundo y fue la primera persona en volar solo alrededor del mundo.

Raleigh, Walter (1552-1618) Explorador inglés que patrocinó el primer establecimiento inglés en norteamérica y que guió dos expediciones al Río Orinoco en Sudamérica.

Exploradores

Explorers

Ride, Sally (1951-) La primera norteamericana mujer en el espacio, 18 de junio de 1983.

Smith, Jedadiah (1799-1831) Primer norteamericano en viajar a través del sureste de los Estados Unidos, que en esos tiempos era territorio de México.

Smith, John (1606-1609) Aventurero inglés que tomó parte en la primera colonización inglesa en Virginia y guió expediciones a la Bahía de Chesapeake y la costa de Nueva Inglaterra.

Teixeira, Pedro de (1587-1641) Aventurero portugués que hizo el primer viaje río arriba en el Río Amazonas. Reclamó toda la cuenca Amazónica para Portugal.

Tereshkova, Valentina (1937-) Cosmonauta soviética y la primera mujer en el espacio.

Thompson, David (1770-1857) Inglés que exploró mucho del noroeste de Canadá. Fue la primera persona en viajar a través de las Montañas Rocosas hasta el Río Colombia y hasta donde desemboca.

Tonty, Henri de (1650-1704) Francés que acompañó a La Salle en su viaje en el Río Mississippi y guió expediciones a través el valle del Mississippi.

Exploradores

Urdaneta, Andrés (1508-1568) Conquistador español que estableció una colonia en Chile y exploró casi todo el país.

Valdivia, Pedro de (1500-1553) Español que exploró Chile.

Vespucci, Américo (1451-1512) Comerciante italiano que formó dos expediciones a las Américas que luego se nombraron en su honor.

Vizcaíno, Sebastián (1596-1603) Marinero español que exploró la costa oeste de Baja California, México. Navegó a las Bahías de San Diego y Monterey.

Wallace, Alfred (1823-1913) Inglés que hizo dos viajes científicos a América del Sur y formuló la teoría moderna de evolución al mismo tiempo que Charles Darwin.

Wallis, Samuel (1728-1795) Capitán naval inglés que hizo una circumnavegación del mundo y fue el primer europeo en visitar las Islas de Tahiti.

Yeager, Charles (1923-) Piloto de combate norteamericano y luego un piloto de pruebas, fue el primero en volar más rápido que la velocidad del sonido el 14 de octubre de 1947.

Estados Unidos

Alabama (1819)
HEART OF DIXIE STATE
Capital-Montgomery
Area: 51,705 square miles
Población: 4,040,587

Alaska (1959)
LAND OF THE MIDNIGHT SUN
Capital: Juneau
Area: 591,004 square miles
Población: 550,043

Arizona (1912)
GRAND CANYON STATE
Capital-Phoenix
Area: 114,000 square miles
Población: 3,665,228

Arkansas (1836)
LAND OF OPPORTUNITY
Capital-Little Rock
Area: 53,187 square miles
Población: 2,350,725

California (1850)
THE GOLDEN STATE
Capital-Sacramento
Area: 158,706 square miles
Población: 29,760,021

Colorado (1867)
CENTENNIAL STATE
Capital-Denver
Area: 104,091 square miles
Población: 3,294,394

Connecticut (1788)*
CONSTITUTION STATE
Capital-Hartford
Area: 5,018 square miles
Población: 3,287,116

Delaware (1787)*
THE FIRST STATE
Capital-Dover
Area: 2,044 square miles
Población: 666,168

Florida (1845)
SUNSHINE STATE
Capital-Tallahassee
Area: 58,664 square miles
Población: 12,937,926

Georgia (1788)*
THE PEACH STATE
Capital-Atlanta
Area: 58,910 square miles
Población: 6,478,216

Estados Unidos

Hawaii (1959)
ALOHA STATE
Capital-Honolulu
Area: 6,471 square miles
Población: 1,108,229

Idaho (1890)
GEM STATE
Capital-Boise
Area: 83,564 square miles
Población: 1,006,749

Illinois (1818)
LAND OF LINCOLN
Capital-Springfield
Area: 56,400 square miles
Población: 11,430,602

Indiana (1816)
HOOSIER STATE
Capital-Indianapolis
Area: 36,185 square miles
Población: 5,544,159

Iowa (1846)
HAWKEYE STATE
Capital-Des Moines
Area: 56,275 square miles
Población: 2,776,755

Kansas (1861)
SUNFLOWER STATE
Capital-Topeka
Area: 82,277 square miles
Población: 2,477,574

Kentucky (1792)
BLUE GRASS STATE
Capital-Frankfort
Area: 40,409 square miles
Población: 3,685,296

Louisiana (1812)
BAYOU STATE
Capital-Baton Rouge
Area: 47,752 square miles
Población: 4,219,973

Maine (1870)
PINE TREE STATE
Capital-Augusta
Area: 33,265
Población: 1,227,928

Maryland (1788)*
FREE STATE
Capital-Annapolis
Area: 10,460 square miles
Población: 4,781,468

Estados Unidos

Massachusetts (1788)*
BAY STATE
Capital-Boston
Area: 8,284 square miles
Población: 6,016,425

Michigan (1837)
WOLVERINE STATE
Capital-Lansing
Area: 58,527 square miles
Población: 9,295,297

Minnesota (1858)
GOPHER STATE
Capital-Saint Paul
Area: 84,402 square miles
Población: 4,375,099

Mississippi (1817)
MAGNOLIA STATE
Capital-Jackson
Area: 47,689 square miles
Población: 2,573,216

Missouri (1821)
'SHOW ME' STATE
Capital-Jefferson City
Area: 69,697 square miles
Población: 5,117,073

Montana (1889)
TREASURE STATE
Capital-Helena
Area: 147,046 square miles
Población: 799,065

Nebraska (1867)
CORN HUSKER STATE
Capital-Lincoln
Area: 77,355 square miles
Población: 1,578,385

Nevada (1864)
SILVER STATE
Capital-Carson City
Area: 110,561 square miles
Población: 1,201,833

New Hampshire (1788)*
GRANITE STATE
Capital-Concord
Area: 9,279 square miles
Población: 1,109,252

New Jersey (1787)*
GARDEN STATE
Capital-Trenton
Area: 7,787 square miles
Población: 7,730,188

Estados Unidos

New Mexico (1912)
LAND OF ENCHANTMENT
Capital-Santa Fe
Area: 121,593 square miles
Población: 1,515,069

New York (1788)*
EMPIRE STATE
Capital-Albany
Area: 49,108 square miles
Población: 17,990,455

North Carolina (1789)*
TAR HEEL STATE
Capital-Raleigh
Area: 52,669 square miles
Población: 6,628,637

North Dakota (1889)
SIOUX STATE
Capital-Bismarck
Area: 70,702 square miles
Población: 638,800

Ohio (1803)
BUCKEYE STATE
Capital-Columbus
Area: 41,330 square miles
Población: 10,847,115

Oklahoma (1907)
SOONER STATE
Capital-Oklahoma City
Area: 69,956 square miles
Población: 3,145,585

Oregon (1859)
BEAVER STATE
Capital-Salem
Area: 97,073 square miles
Población: 2,842,321

Pennsylvania (1787)*
KEYSTONE STATE
Capital-Harrisburg
Area: 45,308 square miles
Población: 11,881,643

Rhode Island (1790)*
LITTLE RHODY
Capital-Providence
Area: 1,212 square miles
Población: 1,003,464

South Carolina (1789)*
COYOTE STATE
Capital-Columbia
Area: 31,113 square miles
Población: 3,486,703

Estados Unidos

South Dakota (1889)
PALMETTO STATE
Capital-Pierre
Area: 77,116 square miles
Población: 696,004

Tennessee (1796)
VOLUNTEER STATE
Capital-Nashville
Area: 42,144 square miles
Población: 4,877,185

Texas (1845)
LONE STAR STATE
Capital-Austin
Area: 266,807 square miles
Población: 16,986,510

Utah (1896)
BEEHIVE STATE
Capital-Salt Lake City
Area: 84,899 square miles
Población: 1,722,850

Vermont (1791)
GREEN MOUNTAIN STATE
Capital-Montpelier
Area: 9,614 square miles
Población: 562,758

Virginia (1788)*
THE OLD DOMINION
Capital-Richmond
Area: 40,817 square miles
Población: 6,187,358

Washington (1889)
EVERGREEN STATE
Capital-Olympia
Area: 68,139 square miles
Población: 4,866,692

West Virginia (1863)
MOUNTAIN STATE
Capital-Charleston
Area: 24,231 square miles
Población: 1,793,477

Wisconsin (1848)
BADGER STATE
Capital-Madison
Area: 56,153 square miles
Población: 4,891,769

Wyoming (1890)
EQUALITY STATE
Capital-Cheyenne
Area: 97,809 square miles
Población: 453,588

Indice

Indice
Index

Indice

Index

Indice
Index

Indice
Index

Indice
Index